映画《えいが》ドラえもん
のび太の
宝島《たからじま》

1000人《にん》乗《の》りの船《ふね》に999人《にん》乗《の》ったら沈《しず》んでしまったナゾ
なぜナゾ？
ん？なに？なぞなぞ？

こいつの名前《なまえ》はクイズ。
オウム型《がた》の子守《こもり》ロボットさ。
言《い》いたいことはクイズで伝《つた》える
1000人《にん》乗《の》りに
999人《にん》しか乗《の》ってない？
わかった！船《ふね》が壊《こわ》れたから!?

ブブー!
ダメダメ!
タタタ…ダメダメ?

ダメじゃない!!
ダメじゃない!

コラ！真似《まね》すんな！
コラ！真似《まね》すんな！
そのへんにしとけよ　クイズ

わかった！答《こた》えは潜《せん》水《すい》艦《かん》だから！
ピンポンピンポンピンポン♪

ポンポコタヌキの大《だい》正《せい》解《かい》
ボクはタヌキじゃなーーい!
タヌキだよな
ネコー!!

映画ドラえもん

のび太の宝島《たからじま》クイズドリル

原作
藤子・F・不二雄
問題作成　古川洋平
（クイズ法人カプリティオ）
映画脚本　川村元気

もくじ

第《だい》1関《かん》門《もん》

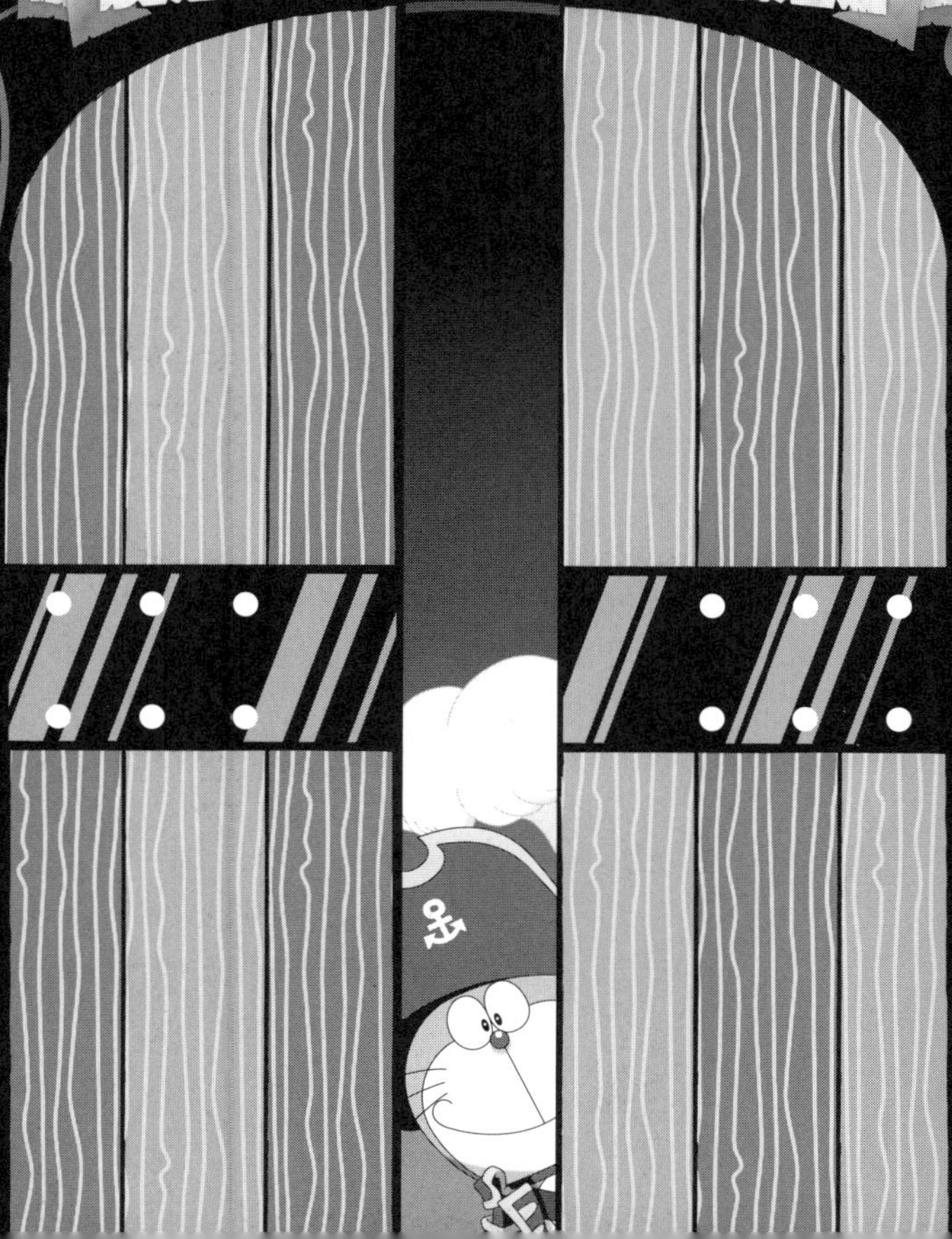

なぞなぞを出《だ》すナゾ！

もんだい 1

イスはイスでも
きれいな声《こえ》で鳴《な》く
イスはなにナゾ？

こたえ 1

鳴《な》くということは
動物《どうぶつ》ということ

を思《おも》いつけたかな？

きれいな声《こえ》でなく○○イスって名前《なまえ》の…鳥《とり》だ！

こたえ

ウグイス

もんだい 2

カレーが好《す》きなのは
インド人《じん》。
では、カレーに
入《はい》っているのは
何《なに》じんナゾ？

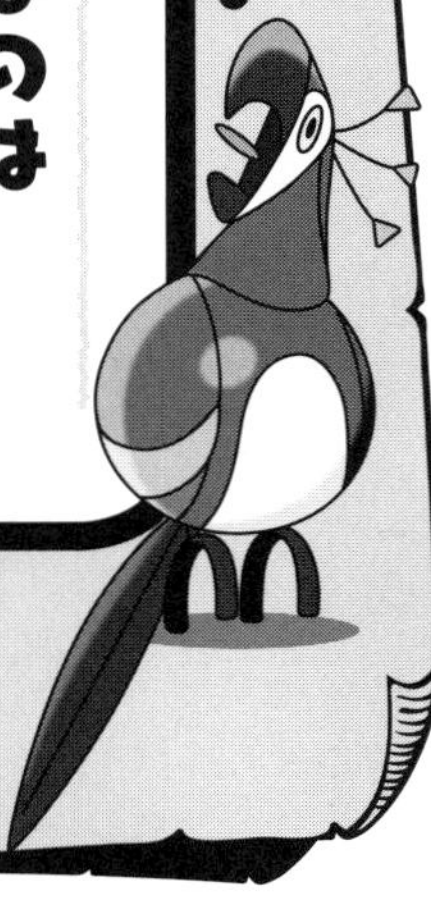

こたえ 2

○○じんという名《な》前《まえ》のカレーに入《はい》ってるもの

思《おも》いつけたかな？

カレーに入《はい》ってるもの…じゃがいもお肉《にく》たまねぎ…あ！

こたえ

ニンジン

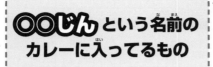

もんだい 3

風《か》邪《ぜ》でもないのに
咳《せき》をしている
動《どう》物《ぶつ》はなーにナゾ？

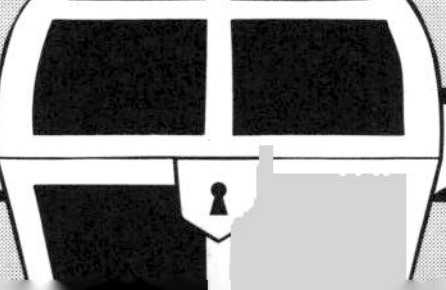

こたえ 3

咳《せき》といえば コンコン

が思《おも》いつけたかな？

コンコンなく動物《どうぶつ》といえば…

そうか!

キツネ

こたえ

もんだい 4

すずきけんじ、
さとうとしお、
やまだいちろう、
料理《りょうり》に使《つか》うのは
なにナゾ？

こたえ 4

調《ちょう》味《み》料《りょう》が隠《かく》れている

のに気《き》づいたかな？

調《ちょう》味《み》料《りょう》？
しょうゆ…
ソース…
さとう…
しお…
あ！

こたえ

さとうとしお（砂《ざ》糖《とう》と塩《しお》）

もんだい 5

針《はり》が1本《ぽん》で
チクっとするのは注射《ちゅうしゃ》。
では、針《はり》が3本《ぼん》で
チクタクするのは
なにナゾ？

こたえ 5

チクタク
という擬音《ぎおん》
が思《おも》いつけたかな？

短《みじか》い針《はり》は時間針《じかんしん》、長《なが》い針《はり》は分針《ふんしん》、もっと長《なが》い針《はり》は秒針《びょうしん》！

こたえ

時《と》計《けい》

もんだい 6

この中《なか》に魚《さかな》が隠《かく》れているよ。どんな魚《さかな》ナゾ？

こたえ 6

穴《あな》が5個《こ》ある

口《くち》に出《だ》して読《よ》んでみよう！

穴《あな》が5…あな…ご…魚《さかな》がいた！

こたえ

あなご

もんだい 7

天《てん》ぷらが乗《の》ってるのは天《てん》どん。
では、天《てん》ぷらが乗《の》っていたり、
おもちが乗《の》っていたり、
油《あぶら》揚《あ》げが乗《の》っていたり
するのは何《なに》どんナゾ？

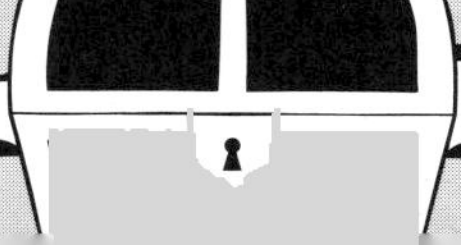

こたえ 7

○どんという名前《なまえ》で
天《てん》ぷらや
油《あぶら》揚《あ》げが乗《の》ってるもの
が思《おも》いつけたかな？

きつね
うどん
おいしい
よね！

こたえ

うどん

もんだい 8

何《なに》をしても長《なが》続《つづ》きしない県《けん》は、何《なに》県《けん》ナゾ？

こたえ 8

「長《なが》続《つづ》きしない」
→「飽《あ》きる」

という意味《いみ》に気《き》づけたかな？

飽《あ》きっぽい県《けん》……
あ！

こたえ

秋《あき》田《た》県《けん》

もんだい 9

普《ふ》段《だん》は良《い》いものが
入《はい》っているのに、
たぬきがあけると
空《から》っぽになってしまう
入《い》れ物《もの》はなーにナゾ？

こたえ 9

たぬき というのが
「た」を抜《ぬ》くこと
からっぽが空箱《からばこ》になる

というのが思《おも》いつけたかな？

〝た〟を抜《ぬ》いたら空箱《からばこ》になるということは空箱《からばこ》に〝た〟をくっつけたら…

こたえ

宝《たから》箱《ばこ》

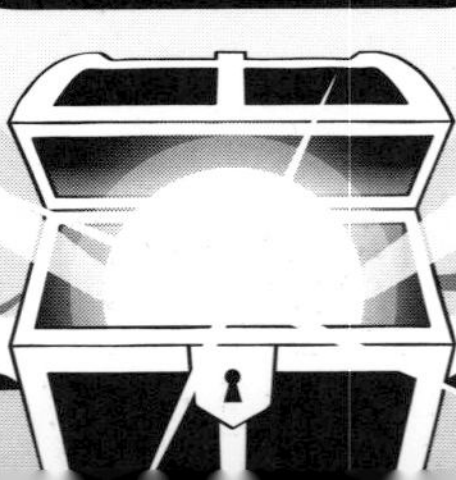

もんだい 10

カゴはカゴでも、学校《がっこう》の授業《じゅぎょう》が全部《ぜんぶ》終《お》わると出《で》てくるカゴはなーにナゾ？

こたえ 10

○○カゴという
言葉《ことば》を探《さが》せばいい

って気《き》づいたかな？

授業《じゅぎょう》が終《お》わる…
○○かご…
あ！

こたえ

放《ほう》課《か》後《ご》

もんだい 11

400字《じ》詰《づめ》原《げん》稿《こう》用《よう》紙《し》いっぱいに書《か》いた作《さく》文《ぶん》。200字《じ》に減《へ》らすと、何《なに》ぶんになるナゾ？

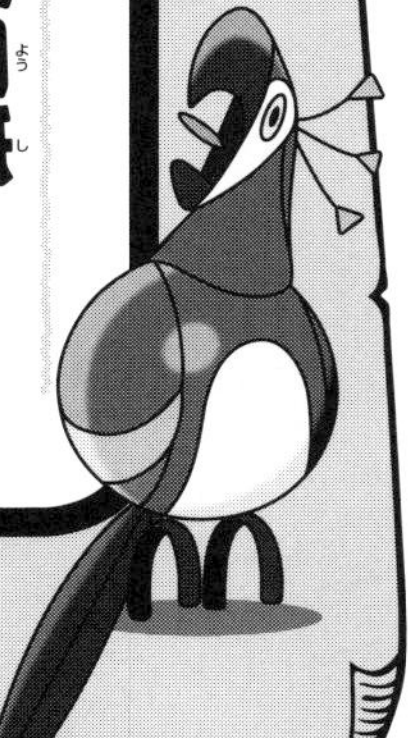

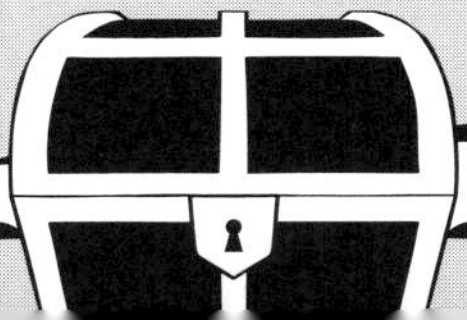

こたえ 11

400が
200になった

ということは？

1/2…
そうか！

半《はん》分《ぶん》

こたえ

もんだい 12

木《き》で出来《でき》ているのに、
海《うみ》の生《い》き物《もの》だって
言《い》うものなにナゾ？

こたえ 12

丸《まる》太《た》で
つくったいかだ

を思《おも》いつけたかな？

「イカだ！」

こたえ

イカダ

もんだい 13

上《うえ》から読《よ》んでも、
下《した》から読《よ》んでも、
同《おな》じになる
方《ほう》向《こう》は
どっちナゾ？

こたえ 13

方向《ほうこう》っていうのは東西南北《とうざいなんぼく》のこと

を思《おも》いつけたかな？

北《きた》は同《おな》じにならないでしょ？つまり…

こたえ

南《みなみ》

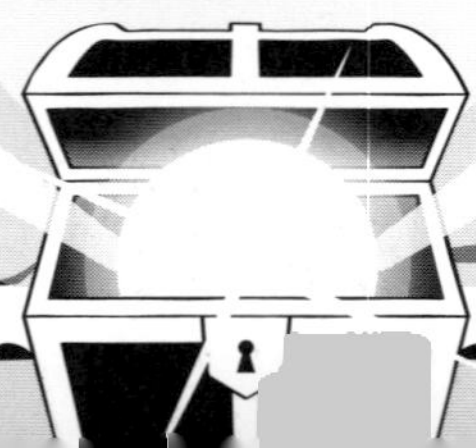

もんだい 14

逆《さか》立《だ》ちすると体《たい》重《じゅう》が減《へ》る海《うみ》の生《い》き物《もの》はなにナゾ？

こたえ 14

体重《たいじゅう》がへる→かるくなる
逆立《さかだ》ちをする→さかさまにする

が思《おも》いつけたかな？

さかさまにするとかるい　になる海《うみ》の動物《どうぶつ》…
あ！

こたえ

イルカ

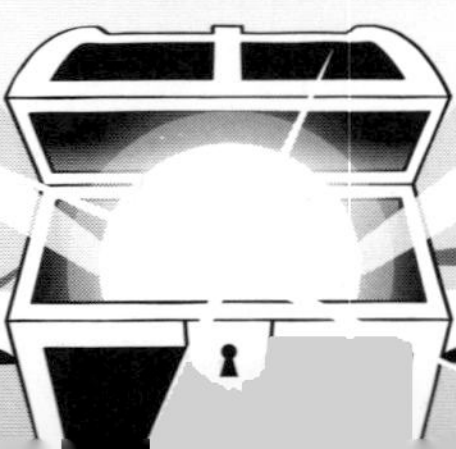

もんだい 15

パーティーの途中《とちゅう》で
出《で》てきたのはアップルパイ。
じゃあ、パーティーの
最初《さいしょ》に出《で》てきたパイは
なにナゾ？

レモンパイ！……
なわけないか…
なんだろう？

こたえ 15

○○パイ
という言葉《ことば》を
考《かんが》えればいい

と気《き》づけたかな？

パーティーの最初《さいしょ》にする○○パイ

…あ！パパがよくするヤツ!!

こたえ

乾《かん》杯《ぱい》

もんだい 16

虹《にじ》の色《いろ》より、2色《しょく》多《おお》い食《た》べ物《もの》ってなにナゾ？

こたえ 16

虹《にじ》の色《いろ》といえば 7色《しょく》
7に2を足《た》す

ことに気《き》づけたかな？

7＋2は9色《しょく》…

あ！

こたえ

給《きゅう》食《しょく》

もんだい 17

チーズはあたためると
伸《の》びるもの。
では、冒険《ぼう》《けん》に使《つか》う
伸《の》びないチーズって
なにナゾ？

こたえ 17

チーズの
伸《の》ばし棒《ぼう》をとる

ということに気《き》づけたかな？

冒険《ぼうけん》に使《つか》う
チ…ズ
そうか

こたえ

地《ち》図《ず》

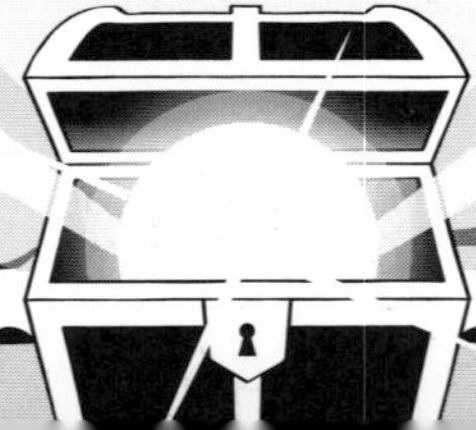

もんだい 18

牛《うし》は牛《うし》でも、頭《あたま》に乗《の》せる牛《うし》はなにナゾ？

こたえ 18

◯うし という言葉《ことば》を考《かんが》えればいい

と気《き》づけたかな？

頭《あたま》に乗《の》せる◯うし…

あ！

こたえ

ぼうし

もんだい 19

線《せん》、風《か》邪《ぜ》、バイオリン。共《きょう》通《つう》することはなにナゾ？

こたえ 19

3つとも
同《おな》じ動《どう》詞《し》を使《つか》う

ことに気《き》づけたかな？

線《せん》をひく
風《か》邪《ぜ》をひく
バイオリンを…
ひく！

こたえ

すべて「ひく」もの

もんだい 20

お寿司《すし》屋《や》さんに
行《い》った時《とき》、
いつも値段《ねだん》を
聞《き》いてしまうネタは
なにナゾ？

ネタって…お寿司《すし》の上《うえ》に乗《の》ってるやつのこと？
値段《ねだん》を聞《き》く？

こたえ 20

値段《ねだん》を聞《き》く ということを 別《べつ》の言葉《ことば》に変《か》える

ということに気《き》づけたかな？

値段《ねだん》を聞《き》く？「いくらですか？」

あ！

こたえ

イクラ

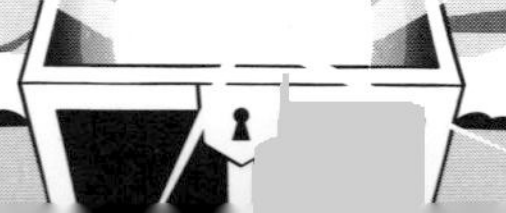

もんだい 21

美術館《びじゅつかん》で、
絵《え》に怒鳴《どな》っているお客《きゃく》さん
「絵《え》がイカン！」
並《なら》べかえて出《で》てくる場所《ばしょ》は
どこナゾ？

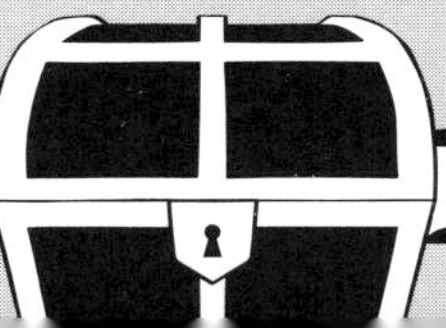

こたえ 21

「えがいかん」という言葉《ことば》を並《なら》べかえると「えいがかん」

になると思いつけたかな？

美術館《びじゅつかん》が映画館《えいがかん》に変《か》わった!

こたえ

映《えい》画《が》館《かん》

もんだい 22

「のび太《た》はさみしいけど、
よかったー」。
隠《かく》れている
2つの文房具《ぶんぼうぐ》は
なにナゾ？

こたえ 22

全部《ぜんぶ》を**ひらがな**にしてみたらわかりやすいかな？

のびた
はさみし…
あ！
よかったー
の中に
カッター
が！

こたえ

ハサミカッター

もんだい 23

八百屋《やおや》さんに行《い》ったら「バババババババ」って書《か》いてあったよ。何《なに》が売《う》られていたナゾ?

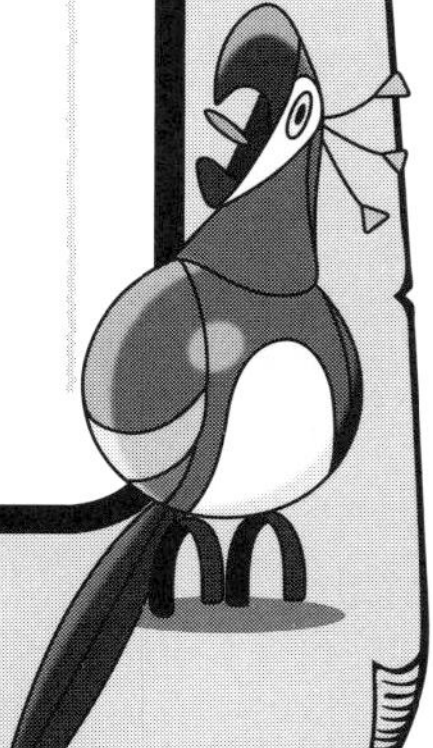

こたえ 23

バが7個《こ》

って気《き》づけたかな？

バが
ななつ…
あ！

こたえ

バナナ

もんだい 24

八百屋《やおや》さんに行《い》ったら、今度《こんど》は「く」って書《か》いてあったよ。何《なに》が売《う》られていたナゾ？

こたえ 24

一《いち》字《じ》で「く」、と書《か》いてある

ということは？

いちじでく？
いちじ…
く…
あ！

こたえ

いちじく

もんだい 25

逆立《さかだ》ちして海辺《うみべ》を見《み》た時《とき》、いっぱいある野菜《やさい》はなにナゾ？

こたえ 25

**海辺《うみべ》に
いっぱいあるのは
砂《すな》**

ということに気《き》づけたかな？

スナを逆《ぎゃく》にしてみると…
紫《むらさき》のアレ！

こたえ

ナス

第《だい》1関《かん》門《もん》 かいせつ

ひらめく力《ちから》を試《ため》す
もんだいが多《おお》かったナゾ！

もんだい2

「カレーが好《す》きなのはインド人《じん》。では、カレーに入《はい》っているのは何《なに》じんナゾ？」

このもんだいは、一番《いちばん》最初《さいしょ》の
「カレーが好《す》きなのはインド人《じん》。」
これがひっかけだったナゾ。

インド人《じん》から、
日本人《にっぽんじん》？　アメリカ人《じん》？
…と考《かんが》えてしまった人《ひと》は、
なかなか「にんじん」を
思《おも》いつけなかったはずナゾ。

もんだい14

「逆立《さかだ》ちすると体重《たいじゅう》が減《へ》る海《うみ》の生《い》き物《もの》はなんナゾ？」

このもんだい、
逆立《さかだ》ちが、言葉《ことば》をさかさまにする意味《いみ》と
ひらめくのが、ちょっと難《むずか》しかったナゾ。

ひらめくコツをつかめば、
もんだい24は簡単《かんたん》に思《おも》いついたナゾ？

第《だい》2関《かん》門《もん》

ひらめけるナゾ？

もんだい 26

10台《だい》の車《くるま》で運《はこ》ぶ、
おうちの中《なか》を
飾《かざ》るものはなにナゾ？

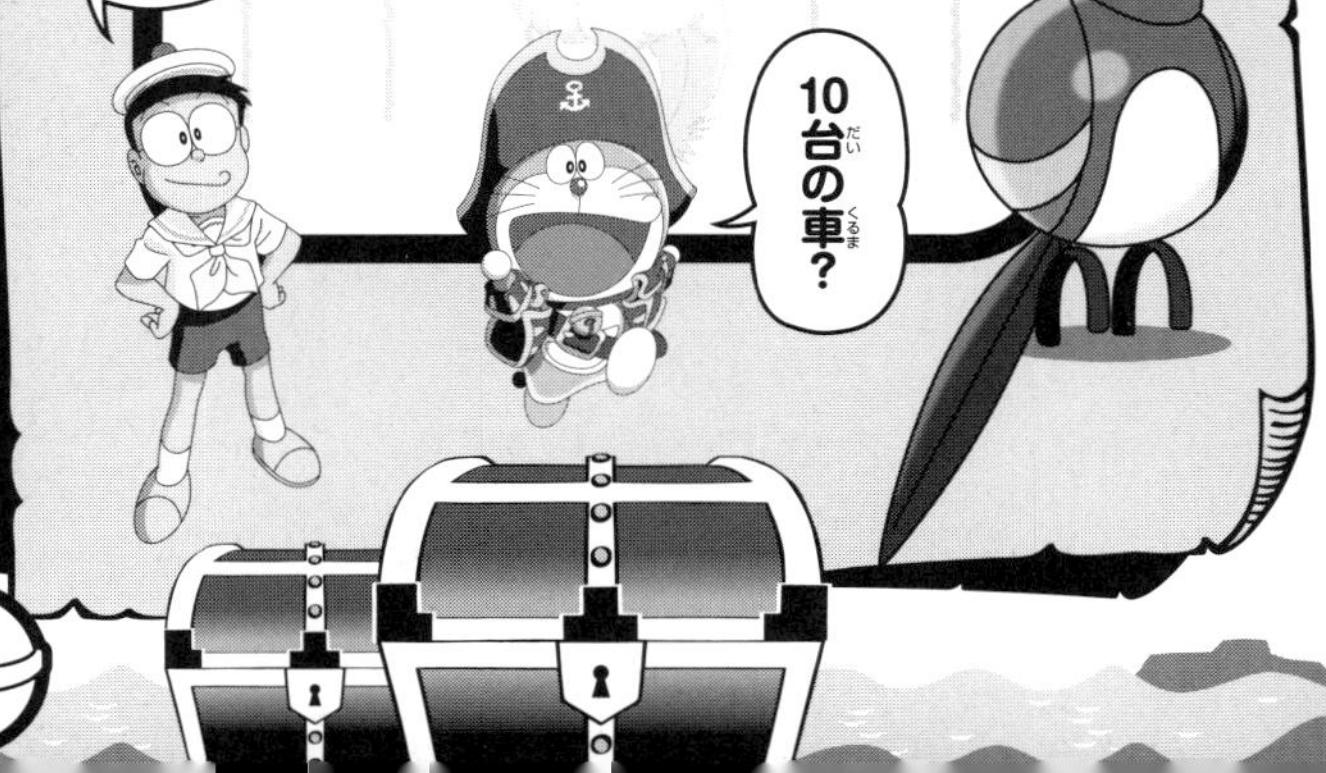

こたえ 26

「車《くるま》」は英語《えいご》で「カー」
10は英語《えいご》で「テン」

と言《い》いかえられたかな？

「カー」が「テン」で…わかった

こたえ

カーテン

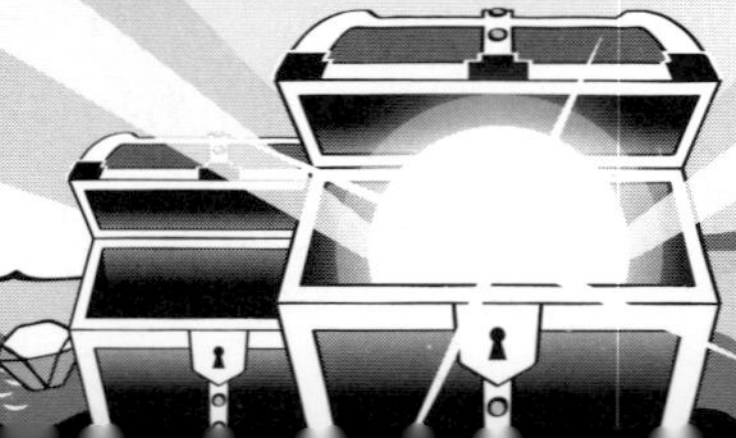

もんだい 27

必《かなら》ず揚《あ》げ物《もの》を
食《た》べるのは
何《なん》曜《よう》日《び》ナゾ？

こたえ 27

揚《あ》げ物《もの》は
「フライ」
フライの日《ひ》

だから？

フライ…デー？
英語《えいご》で金曜日《きんようび》のことだ！

こたえ

金曜日《きんようび》

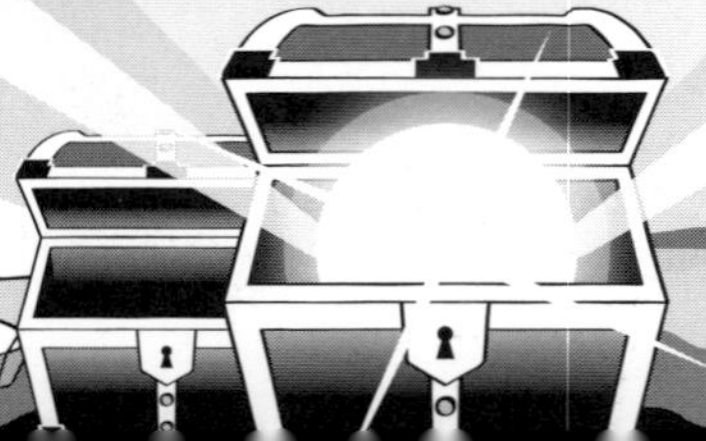

もんだい 28

頭《あたま》に一文字《いちもじ》
付《つ》けると
別《べつ》の都道府県《とどうふけん》に
なってしまう
都道府県《とどうふけん》はどこナゾ？

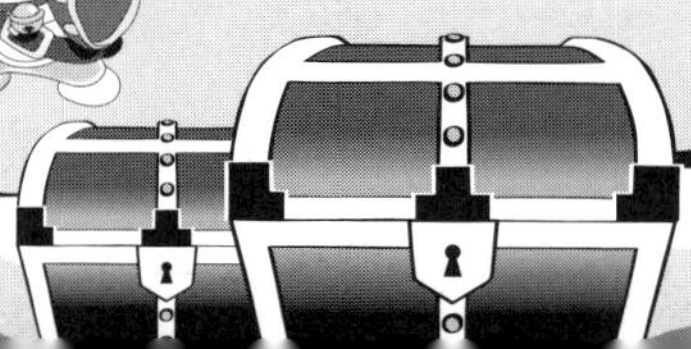

こたえ 28

東京《とうきょう》と京都《きょうと》
両方《りょうほう》に「京《きょう》」が ついてる

のに気《き》づけたかな？

京都《きょうと》に東《ひがし》を付《つ》けると…
東京都《とうきょうと》になった！

こたえ

京《きょう》都《と》

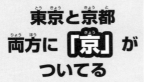

もんだい
29

気《き》がついたら食《た》べ物《もの》になっていた車《くるま》の部品《ぶひん》はなにナゾ？

こたえ
29

「き」がついたら
「たい焼《や》き」

になるものなんだ？

たいや…きあ！

こたえ

タイヤ

もんだい 30

車《くるま》の中《なか》に入《はい》っているのは
ガソリン。
では、ガソリンの中《なか》に
入《はい》っている
乗《の》り物《もの》はなにナゾ？

こたえ 30

ガソリン真《ま》ん中《なか》の2文字《もじ》が乗《の》り物《もの》

だって気《き》づけたかな？

ガソリン
あった

こたえ

ソリ

もんだい 31

王《おう》様《さま》は王《おう》様《さま》でも、女《じょ》性《せい》にピッタリとくっつく王《おう》様《さま》はなにナゾ？

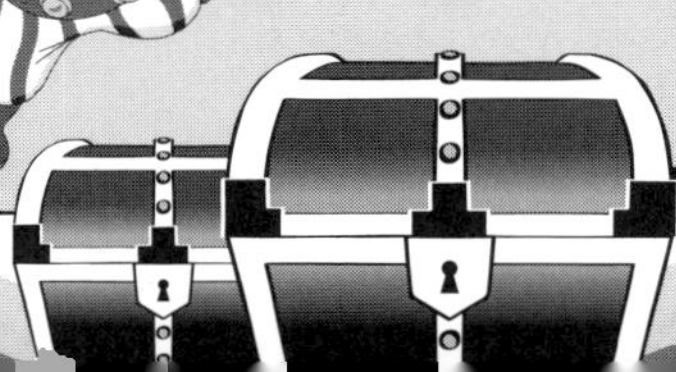

こたえ 31

「王様《おうさま》」を「キング」に言《い》い換《か》える

ことに思《おも》いつけたかな？

○○○キング って
名前《なまえ》の女《おんな》の人《ひと》がはくもの…
あ！

こたえ

ストッキング

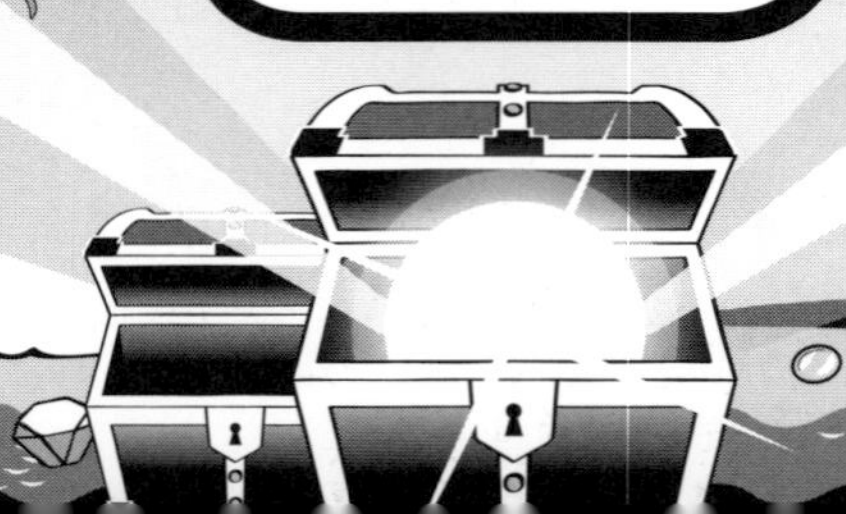

もんだい 32

亀《かめ》さんと
カニさんが
同《おな》じ飲《の》み物《もの》を
飲《の》んでいるよ。
なーにナゾ？

こたえ 32

どちらにも
甲羅《こうら》がある
ことに気《き》づけたかな？

コ・ウ・ラ？
わかった

こたえ

コーラ

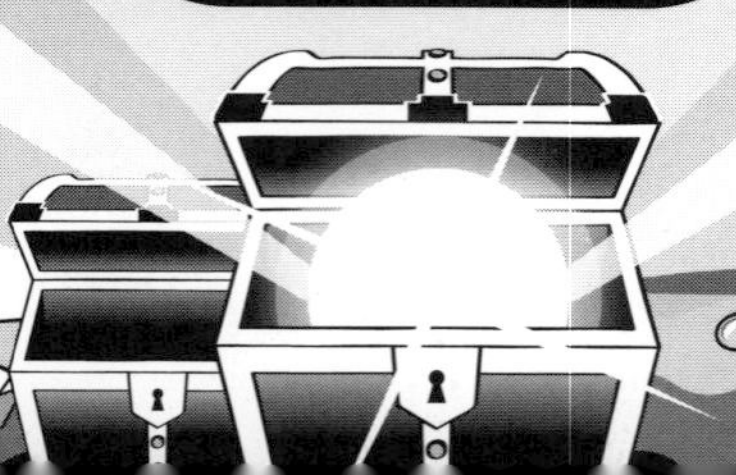

もんだい 33

男《おとこ》がテーブルに
食器《しょっき》を並《なら》べ始《はじ》めた。
「これはスプーンだ。
こっちはコップだ。
これはサラだ。
どれかをたべろ。」
さて、どれを食《た》べれば良《い》いナゾ？

スプーンも
コップもお皿《さら》も
食《た》べられないよ！
どういう
意味《いみ》だろう？

こたえ 33

「皿《さら》」ではなく
「これはサラダ」と
食器《しょっき》に乗《の》った サラダ を
出《だ》してくれていた

と気づいたかな？

皿《さら》だ…
サラダ…
サラダ…
あ！

こたえ

サラダ

もんだい 34

手《て》品《じな》師《し》が文《も》字《じ》を書《か》く時《とき》に使《つか》う筆《ひっ》記《き》用《よう》具《ぐ》はなにナゾ？

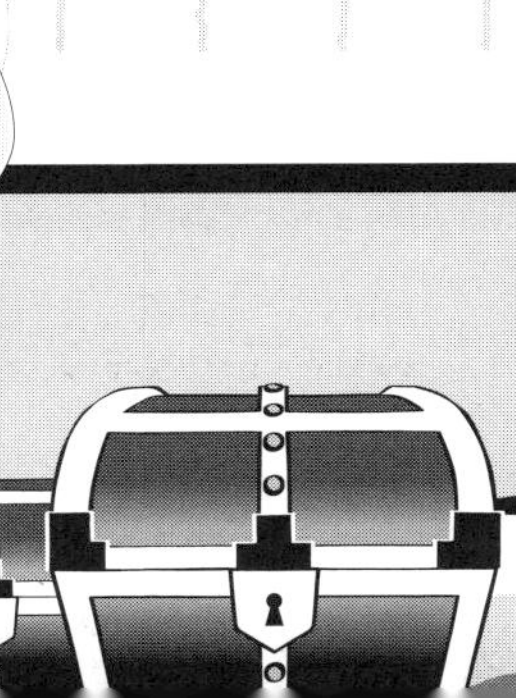

こ

34

手《て》品《じな》師《し》がやることといえば、そう！

「マジック」!!

マジックって…あー!!書《か》くモノだ!!

こたえ

マジック

もんだい 35

クラスの友達《ともだち》。
「あ」というあだ名《な》を
つけられたのは井上《いのうえ》くん。
では、「く」というあだ名《な》を
つけられたのは誰《だれ》ナゾ？

どうして井上《いのうえ》くんは
「あ」なんだろう？
井上《いのうえ》くんなら「いのっち」って
呼《よ》べばいいのに…

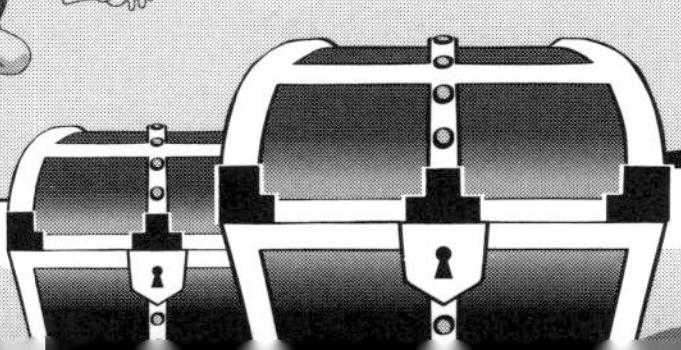

こたえ 35

50音表《おんひょう》で
「い」の上《うえ》は「あ」
「き」の下《した》は「く」

だと気《き》づいたかな？

「く」は「き」の下《した》だから…
そうか

こたえ

木《きの》下《した》くん

もんだい 35

クラスの友達《ともだち》。
「あ」というあだ名《な》を
つけられたのは井上《いのうえ》くん。
では、「く」というあだ名《な》を
つけられたのは誰《だれ》ナゾ？

どうして井上《いのうえ》くんは「あ」なんだろう？井上《いのうえ》くんなら「いのっち」って呼《よ》べばいいのに…

こたえ 35

50音《おん》表《ひょう》で
「い」の上《うえ》は「あ」
「き」の下《した》は「く」

だと気《き》づいたかな？

「く」は「き」の下《した》だから…
そうか

こたえ

木《き》下《した》くん

もんだい 36

くちびるにキスをする花《はな》ってなーにナゾ？

こたえ 36

「キス」は**「チュー」**
「くちびる」は
「リップ」

と言《い》いかえられたかな？

チュー…
リップ？
あ！

こたえ

チューリップ

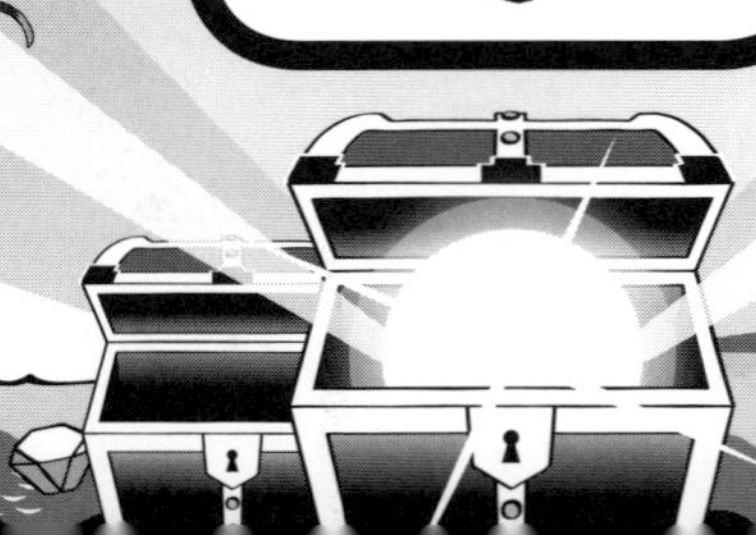

もんだい 37

石《せっ》鹸《けん》をこすって行《おこな》う踊《おど》りはなーにナゾ？

こたえ 37

石《せっ》けんをこすると出《で》てくるのは「泡《あわ》」

と気《き》づけたかな？

泡《あわ》…踊《おど》り…あ！

こたえ

あわおどり

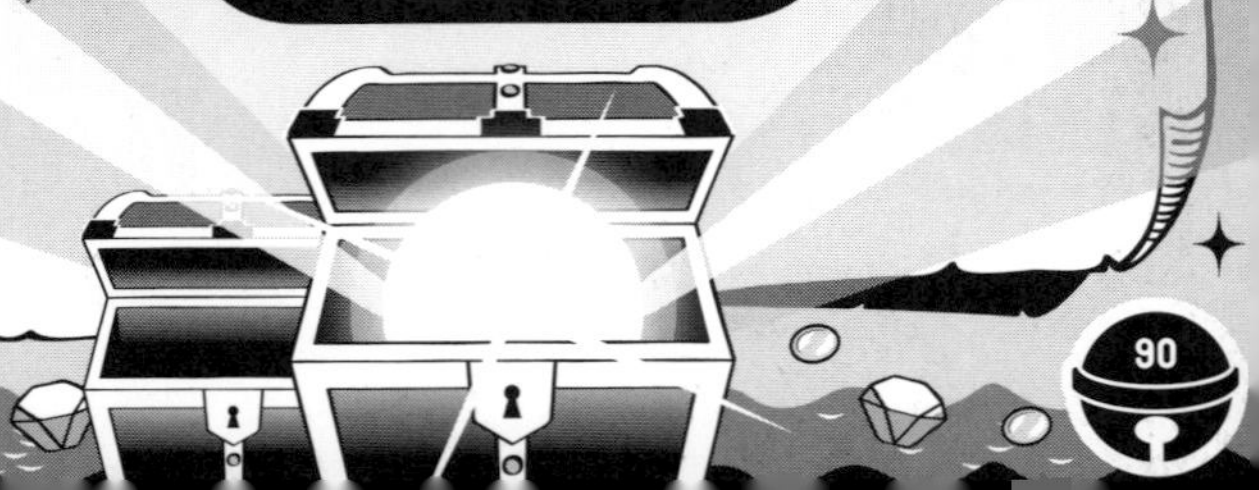

もんだい 38

自《じ》分《ぶん》で
グルグルまわる
本《ほん》ってなにナゾ？

こたえ 38

自分《じぶん》で回《まわ》ることを「自転《じてん》」っていうんだよ。

知《し》ってた？

地球《ちきゅう》も自転《じてん》してるんでしょ。知《し》ってるぞ。

そうか！

こたえ

辞《じ》典《てん》

もんだい 39

エレベーターで「勘違《かんちが》いされている場所《ばしょ》」に行《い》くには、どこに向《む》かえば良《い》いナゾ？

こたえ 39

エレベーターは
2階《かい》　3階《かい》　と
登《のぼ》り降《お》りする乗《の》り物《もの》
そして「勘違《かんちが》い」を言《い》い換《か》える

と？

「勘違《かんちが》い」は
「誤解《ごかい》」
…あ！

こたえ

五《ご》階《かい》

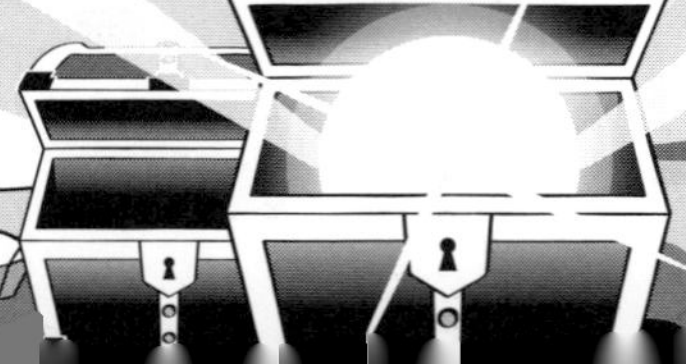

もんだい 40

まどはまどでも、あつーいまどってなにナゾ？

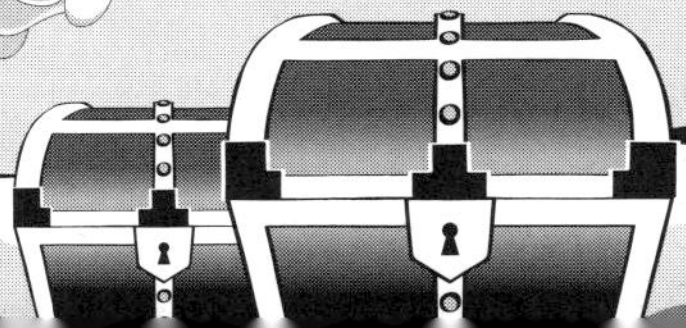

こたえ 40

「あつーい」は「熱《あつ》い」

火《ひ》がつく「まど」は？

火《ひ》がつくまど…？ もしかして…

こたえ

かまど

もんだい 41

集《あつ》めると、粉《こな》々《こな》になってしまう花《はな》はなにナゾ?

こたえ 41

「こなごな」
↓
「バラバラ」

に言《い》いかえられたかな？

バラバラってことは…
これはわかったぞ！

バラ

こたえ

もんだい 42

海《うみ》にすんでいる「ナイスなスイカ」。どんな動物《どうぶつ》ナゾ？

海《うみ》に住《す》んでる動物《どうぶつ》って…？
クジラとか…タコの仲間《なかま》かな？

こたえ 42

「ナイス」➡「無《な》い　ス」
「スイカ」の「ス」が「無《な》い」

と？

「スイカ」から「ス」を取《と》ったら…あ！

こたえ

イカ

もんだい 43

陸《りく》上《じょう》競《きょう》技《ぎ》場《じょう》にある車《くるま》ってなにナゾ？

こたえ
43
走《はし》る場所《ばしょ》のことを
「トラック」
って言《い》う
の知《し》ってたかな？
…！
乗《の》り物《もの》と同《おな》じ名前《なまえ》だね!!
こたえ
トラック

もんだい 44

修《しゅう》理《り》が必《ひつ》要《よう》な調《ちょう》味《み》料《りょう》って、なにナゾ？

こたえ 44

修《しゅう》理《り》が必《ひつ》要《よう》 ➡
「故《こ》障《しょう》」した
ということ

と気《き》づけたかな？

故《こ》障《しょう》…こしょ…
あ！

こたえ

コショウ

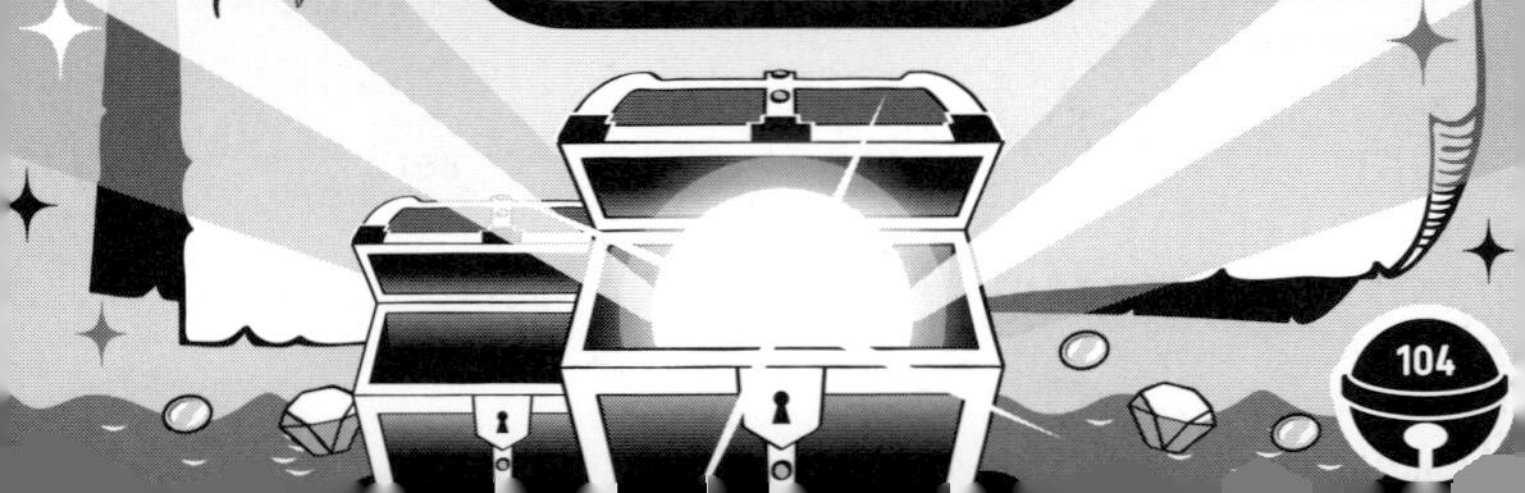

もんだい 45

ホタテやアサリが震《ふる》えあがるのは、どんな人《ひと》ナゾ？

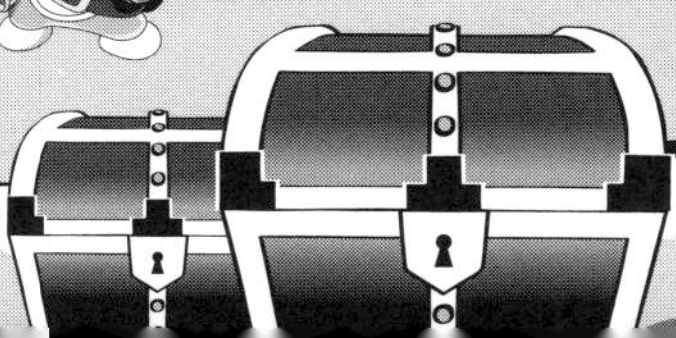

こたえ 45

ホタテやアサリ➡貝《かい》

震《ふる》えあがる➡ゾクっ!

と気《き》づけたかな？

貝《かい》がゾク？

わかった

こたえ

海《かい》賊《ぞく》

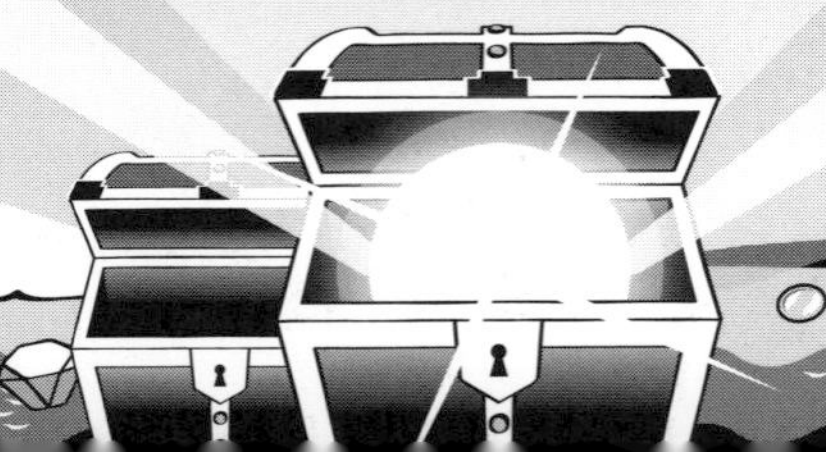

もんだい 46

「ちゃいろ」

「ピンクいろ」

「むらさきいろ」

この中《なか》で、信《しん》号《ごう》機《き》に使《つか》われる色《いろ》はどれナゾ？

こたえ 46

むらさきいろ
この中《なか》に
信《しん》号《ごう》機《き》の色《いろ》が
隠《かく》れている

のに気づいたかな？

むらさ…
きいろ
…あ！

こたえ

黄《き》色《いろ》

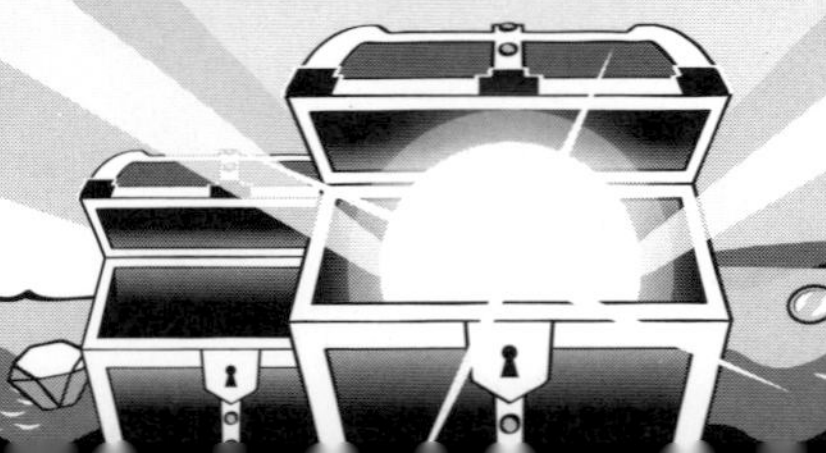

もんだい 47

色《いろ》んなパンの中《なか》で、
話《はなし》を聞《き》くことができる
パンはなーにナゾ？

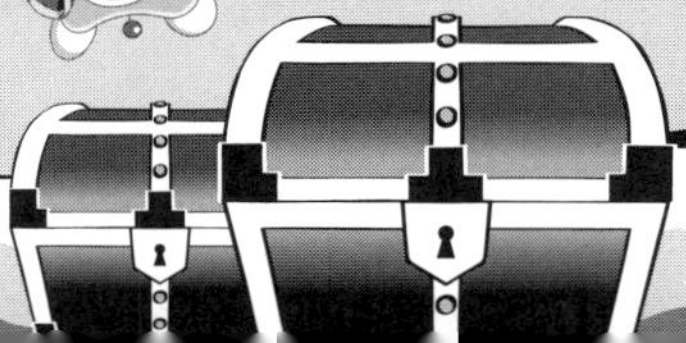

こたえ 47

耳《みみ》がある
ってこと

だと気《き》づけたかな？

耳《みみ》があるパン？

こたえ

食《しょく》パン

もんだい 48

船《ふね》の上《うえ》で腰《こし》を痛《いた》めた時《とき》、どうするナゾ？

こたえ 48

「船《ふね》」は英語《えいご》で
「シップ」

腰《こし》に貼《は》るのは「湿布《しっぷ》」

あ！ どっちも「しっぷ」だ!!

こたえ

湿《しっ》布《ぷ》を貼《は》る

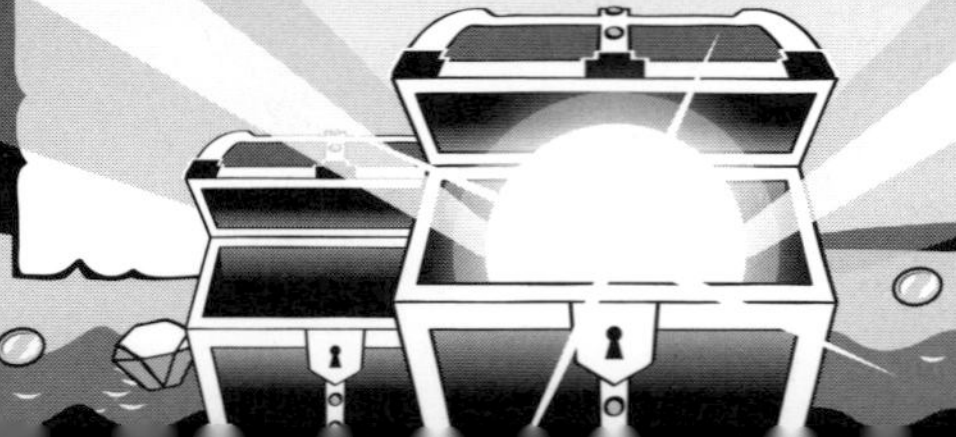

もんだい 49

船《ふね》の中《なか》に
1000匹《びき》いる
昆虫《こんちゅう》はなにナゾ？

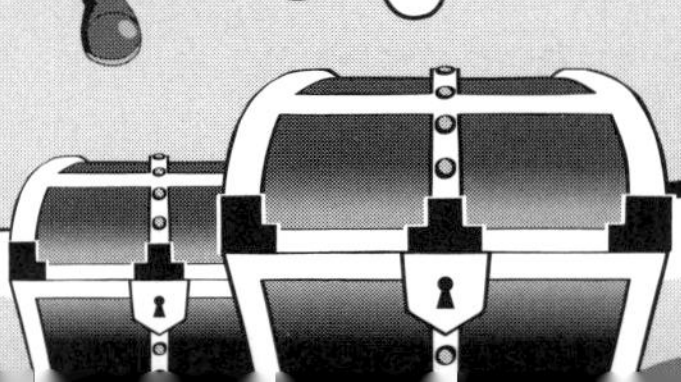

こたえ 49

「せん」が頭《あたま》につく
船《ふね》に乗《の》ってる人《ひと》
は誰《だれ》かな？

船長《せんちょう》さん… せん… ちょう… 千《せん》の蝶《ちょう》か！

こたえ

蝶《ちょう》

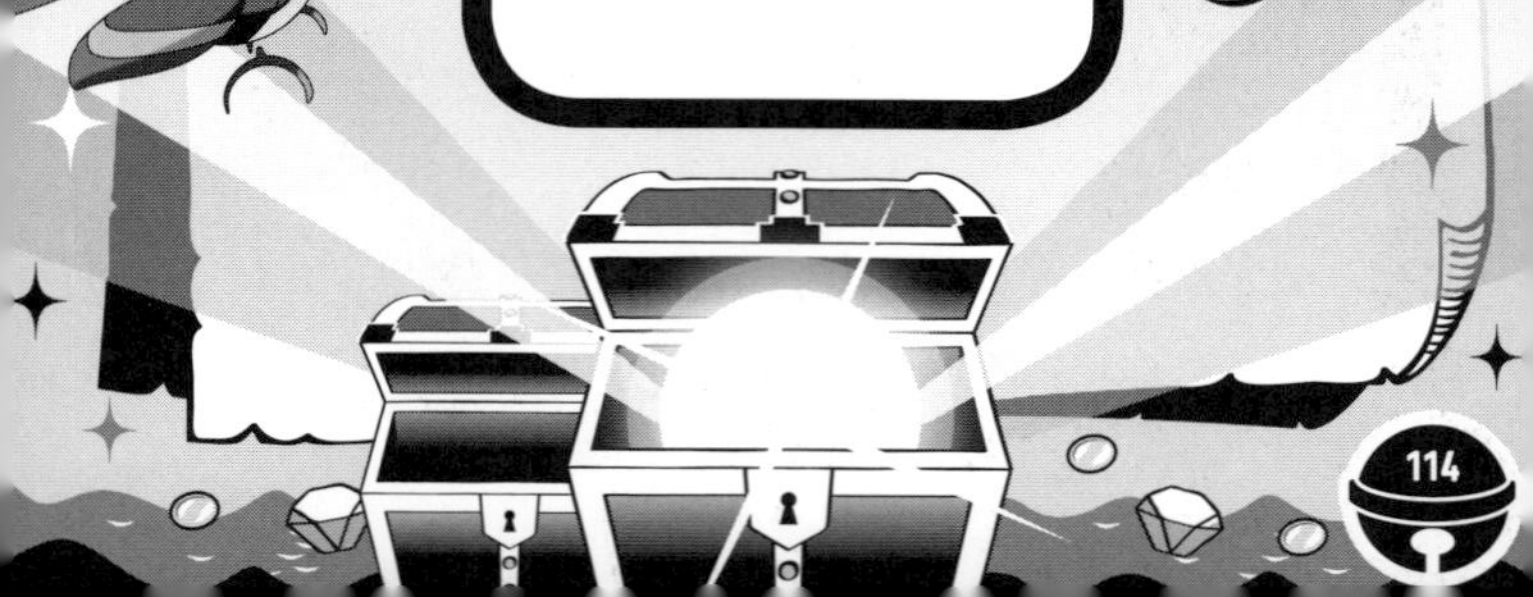

もんだい 50

すごろく、かるた、羽根《はね》つきのうち、緊張《きんちょう》している人《ひと》が勝《か》つのはどれナゾ？

こたえ 50

「緊《きん》張《ちょう》」→
「あがる」
に気づけたかな？

あがったら
勝《か》つもの…？
あ！

こたえ

すごろく

第《だい》2関《かん》門《もん》かいせつ

英語《えいご》を使《つか》うもんだいが出《で》てきたナゾ！

もんだい26では
「車《くるま》」が「カー」
「10」が「テン」
というのを知《し》らなければ
ひらめくこともできなかったナゾ！

ミニカーとか
ベストテンとか
普段《ふだん》よく使《つか》われてる言葉《ことば》だから
知《し》ってると思《おも》って
出題《しゅつだい》したナゾ！

でも、ちょっと難《むずか》しかったナゾ？

もんだい28では「都道府県《とどうふけん》」
もんだい38では「自転《じてん》」
という知識《ちしき》がないと解《と》けないもんだいも
いっぱいあったナゾ！

もし知《し》らなかった人《ひと》は
これをきっかけに覚《おぼ》えてくれればいいナゾ！

このドリルは
こたえが解《わか》らなくてもいいナゾ。
解《わか》らない時《とき》は、
こたえを見《み》て「あーそうか！」って
思《おも》うだけでもいいナゾ。

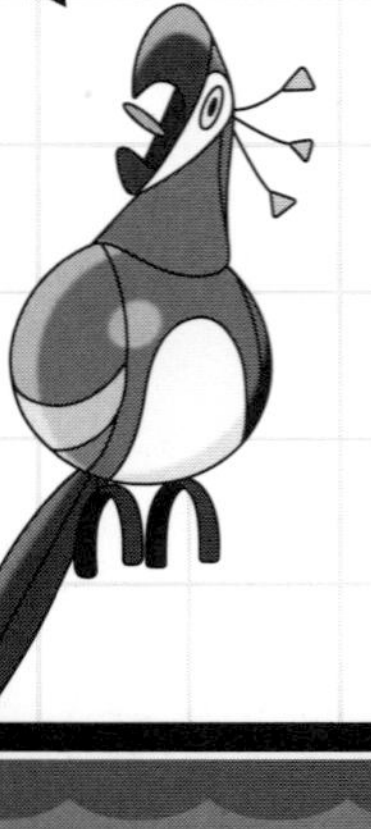

その体験《たいけん》が、
きみのひらめき力《りょく》を
強《つよ》くしている
はずナゾ！

第《だい》3関《かん》門《もん》

キミに解《と》けるナゾ？

もんだい 51

北《ほっ》海《かい》道《どう》と沖《おき》縄《なわ》、怒《おこ》っているのはどっちナゾ？

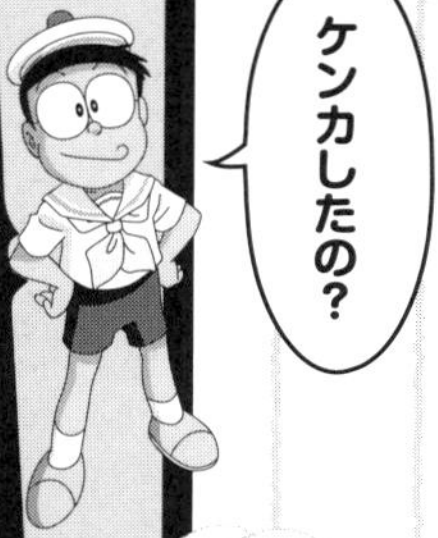
ケンカしたの？

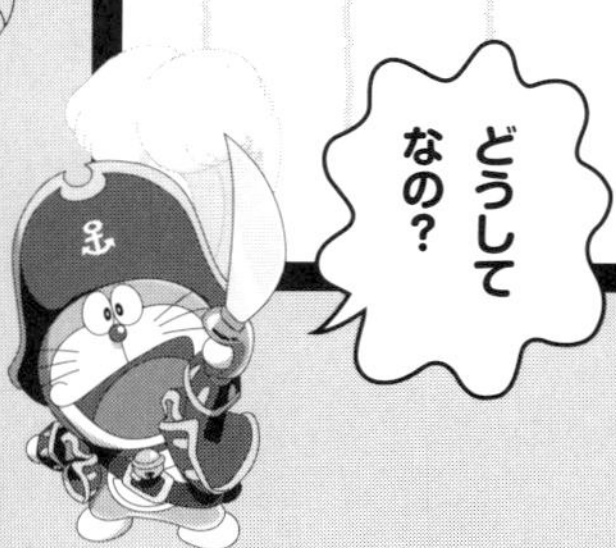
どうしてなの？

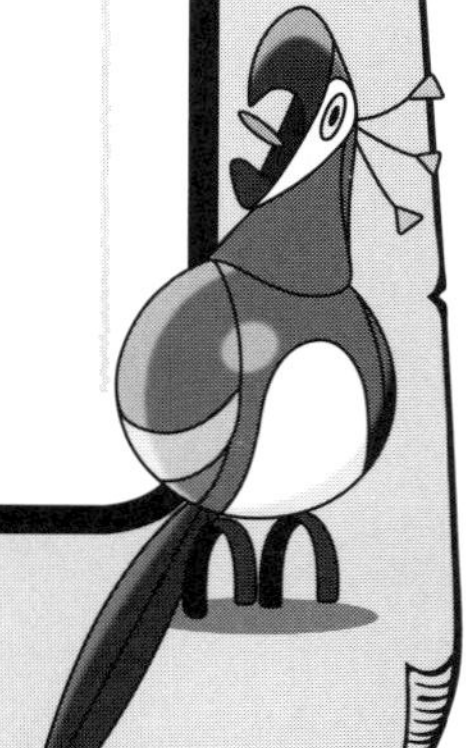

こたえ

51

「怒《おこ》っている」を
別《べつ》の言葉《ことば》に言《い》いかえると
「頭《あたま》にきた」

ということは？

頭《あたま》にきた？
……頭《あたま》に……北《きた》？
そうか

こたえ

北《ほっ》海《かい》道《どう》

もんだい 52

いろいろな職業《しょくぎょう》の人《ひと》
10人《にん》がマラソンで
競《きそ》ったよ。
ビリになったのは
どんな職業《しょくぎょう》の人《ひと》ナゾ？

職業《しょくぎょう》って…たくさんあるわよね？

こたえ 52

10人《にん》走《はし》ったなかで「ビリ」ということは「10位《い》」

と気《き》づけたかな？

10位《い》？
…じゅう
…い…
あ！

こたえ

獣《じゅう》医《い》

もんだい 53

チョコレート、クッキー、シュークリームのうち、テストの前《まえ》に食《た》べるといいのはどれナゾ？

じゃあぼくは
チョコレート！
わたし
シュー
クリーム！

こたえ 53

「テスト」は
「ときたい」よね？
では、**「とけやすい」**

のは？

この中《なか》でとけるのは…
アレだ

こたえ

チョコレート

もんだい 54

酢《す》をかけると
薄《うす》切《ぎ》りになってしまう
食《た》べ物《もの》はなーにナゾ？

こたえ 54

「酢《す》をかける」➡
「スを乗《の》せる」
「薄《うす》切《ぎ》り」➡「スライス」

に気《き》づけたかな

スを乗《の》せたらスライスになったってことは…あ！

こたえ

ライス（ご飯《はん》）

もんだい 55

メキシコを「メキシ」、
コロンビアを「ロンビア」
と呼《よ》んでいるのは
どこの国《くに》の人《ひと》
ナゾ？

こたえ 55

「コ」を取《と》ってる

ことに気《き》づけたかな？

コを取《と》る？
取《と》る…コ？
そうか

こたえ

トルコ

もんだい 56

日本語《にほんご》を覚《おぼ》えても絶対《ぜったい》に漢字《かんじ》を使《つか》わないのはどこの国《くに》の人《ひと》ナゾ？

こたえ 56

「漢字《かんじ》を使《つか》わない」つまり
すべて「かな」だ

ってこと

「かな」だ?
かな…だ?
国《くに》の名前《なまえ》
みつけた

カナダ

こたえ

もんだい 57

絶《ぜっ》対《たい》に花《か》壇《だん》に近《ちか》づけてはいけない鳥《とり》はなにナゾ？

難《むずか》しいなぁ…
全《ぜん》然《ぜん》わからないよ！

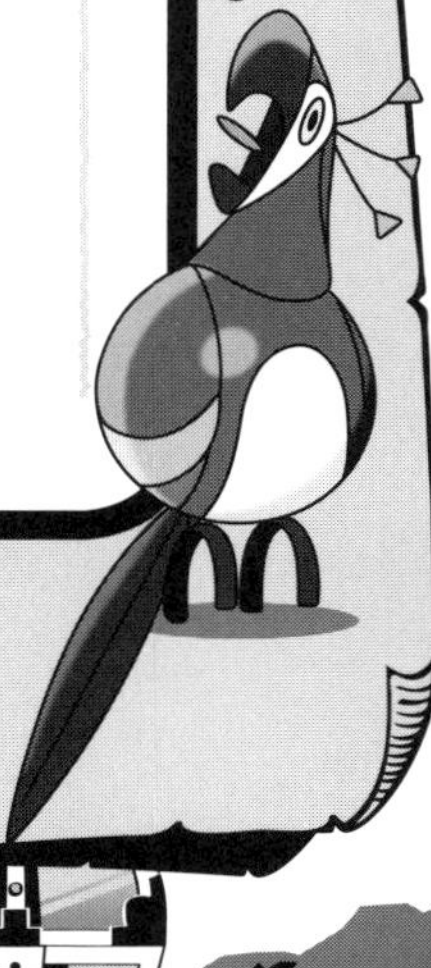

こたえ 57

お花《はな》は
枯《か》らしたくないよね？
近《ちか》づくと枯《か》らす鳥《とり》

という言葉《ことば》から連想《れんそう》すると？

枯《か》らす鳥《とり》？
枯《か》らす？
あ！

こたえ

カラス

もんだい 58

丁寧《ていねい》に言《い》うと 果物《くだもの》になる 家電製品《かでんせいひん》はなにナゾ？

こたえ 58

「丁寧《ていねい》に言《い》う」➡
頭《あたま》に「お」をつける

という意味《いみ》だと気《き》づけたかな？

頭《あたま》に「オ」を
つけると
果物《くだもの》になる
家電《かでん》…
もしかして
オレンジ？

こたえ

レンジ

もんだい

59

毛《け》を剃《そ》らないと
なれない職業《しょくぎょう》は
なにナゾ？

こたえ 59

「毛《け》を剃《そ》らないとなれない」➡
「毛《け》」が「ダメ」➡
「毛《け》」が「いかん」

が思《おも》いつけたかな？

毛《け》…いかん
…毛《け》いかん
あ！

こたえ

警《けい》官《かん》

もんだい 60

食《た》べた時《とき》に
「絶《ぜっ》対《たい》吐《は》きだしたり
しないぞ」と思《おも》う
食《た》べ物《もの》は
なにナゾ？

こたえ 60

「吐《は》きだしたりしないぞ！」➡「吐《は》くまい」

が思《おも》いつけたかな？

吐《は》くまい？
わかった

白《はく》米《まい》

こたえ

もんだい 61

絵《え》の具《ぐ》や歯《は》磨《みが》き粉《こ》が特《とく》産《さん》品《ひん》の地《ち》方《ほう》はどこナゾ？

こたえ 61

「絵《え》の具《ぐ》」と「歯《は》磨《みが》き粉《こ》」
の共《きょう》通《つう》点《てん》は
両《りょう》方《ほう》チューブ

に気《き》づけたかな？

チューブ?
あ!

こたえ

中《ちゅう》部《ぶ》地《ち》方《ほう》

もんだい 62

太《ふと》っちょの
トーマスくんが
ダイエットするには、
どんな運《うん》動《どう》をすると
良《よ》いナゾ？

こたえ 62

「トーマス」くんを逆《さか》さにすると「スマート」になる

に気《き》づけたかな？

逆《さか》さにする運動《うんどう》…

そうか

こたえ

逆《さか》立《だ》ち

もんだい

63

発掘《はっくつ》調査《ちょうさ》の時《とき》、
2つ見《み》つけることができる
かもしれないと思《おも》うと、
胸《むね》が高鳴《たかな》ってしまうものは
なにナゾ？

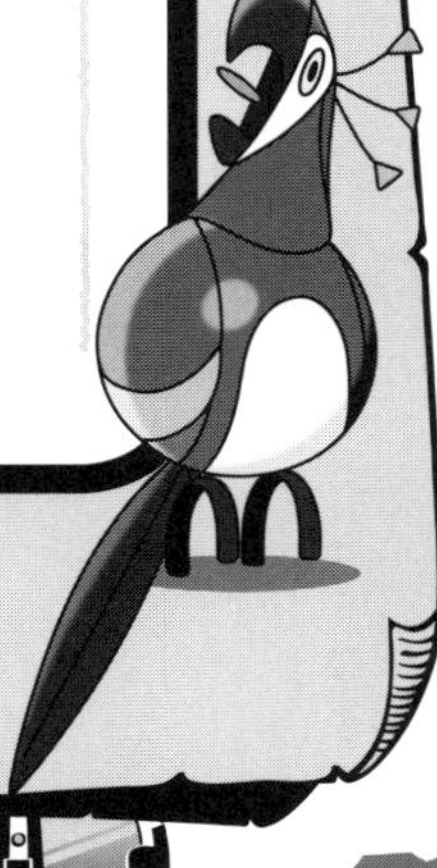

こたえ 63

「胸《むね》が高鳴《たかな》る」→
「ドキドキ」

が思《おも》いつけたかな？

ドキドキ？
あ！

こたえ

土《ど》器《き》

もんだい 64

今《いま》まで、新《しん》聞《ぶん》に一《いち》番《ばん》多《おお》く取《と》り上《あ》げられた鳥《とり》はなにナゾ？

こたえ 64

新聞《しんぶん》には必《かなら》ず
記事《きじ》（きじ）が
乗《の》っている

ことに気《き》づけたかな？

記事《きじ》…
きじ…
鳥《とり》が
いた！

こたえ

きじ

もんだい 65

まる、さんかく、しかく。一番《いちばん》見《み》えづらい図形《ずけい》はどれナゾ？

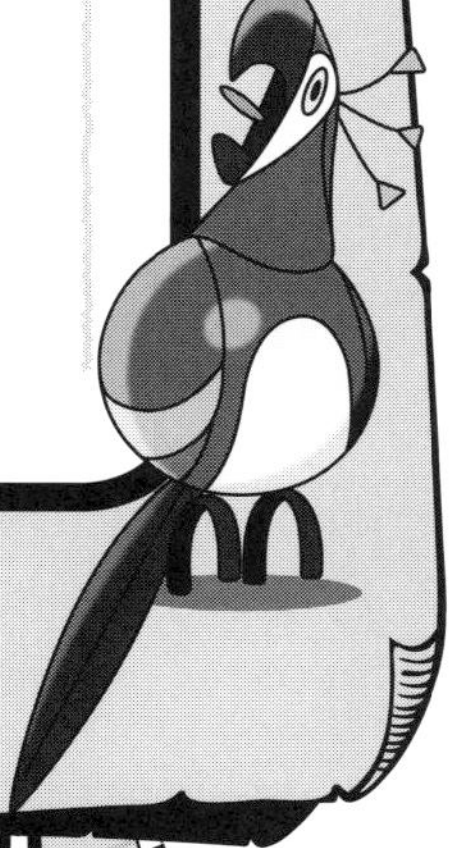

こたえ 65

「見《み》えづらい場所《ばしょ》」を
意味《いみ》する言葉《ことば》
「死角《しかく》」

を思《おも》いつけたかな？

四角《しかく》と死角《しかく》
同《おな》じ
音《おと》だ！

しかく

こたえ

もんだい 66

いつも車《くるま》に乗《の》ると
事故《じこ》ばかり起《お》こしてしまう
職業《しょくぎょう》はなにナゾ？

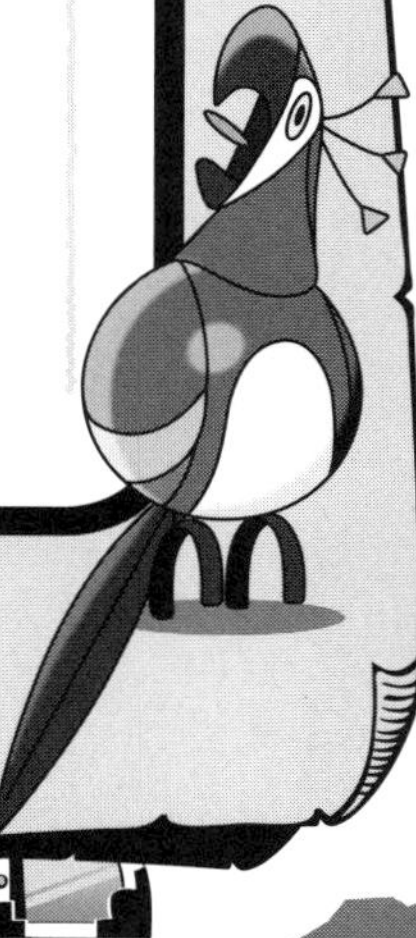

こたえ 66

事故《じこ》を起《お》こした車《くるま》は「廃車《はいしゃ》」になってしまう

ことを思《おも》いつけたかな？

廃車《はいしゃ》…はいしゃ…あ！

こたえ

歯《は》医《い》者《しゃ》

もんだい 67

理科室《りかしつ》でテストを
受《う》けていたら、
実験道具《じっけんどうぐ》が
見回《みまわ》りをし始《はじ》めました。
どんな実験道具《じっけんどうぐ》ナゾ？

実験道具《じっけんどうぐ》って…
ビーカーとか
スポイトとか？

こたえ
67

テストを見《み》回《まわ》るのは
「試《し》験《けん》官《かん》」という

のを思《おも》いつけたかな？

しけんかん
っていう
名《な》前《まえ》の実《じっ》験《けん》
道《どう》具《ぐ》が
あった！

しけんかん

こたえ

もんだい 68

パパとママは
2回《かい》くっついた。
のび太《た》は1回《かい》くっついた。
スネ夫《お》はくっつかなかった。
これって何《なん》のことナゾ?

なにがくっついたんだろう?

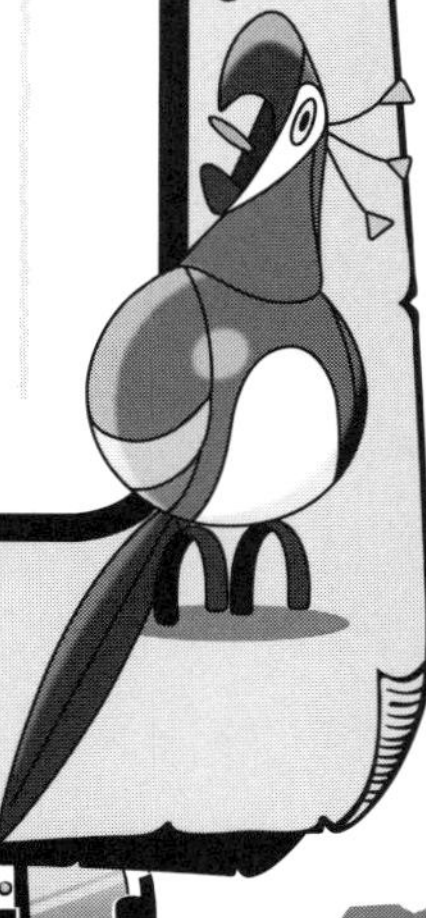

こたえ 68

声《こえ》に出《だ》した時《とき》、
唇《くちびる》がくっつく回《かい》数《すう》

だと気《き》づけたかな？

パパ…。
あ！
本《ほん》当《とう》だ!!

こたえ

上《うわ》唇《くちびる》と
下《した》唇《くちびる》

もんだい 69

いつも助《すけ》っ人《と》が参《さん》加《か》しているスポーツはなにナゾ？

こたえ 69

名前《なまえ》の中《なか》に「スケット」が入《はい》っているスポーツ

を見《み》つけれたかな？

○○スケット
…バ
…スケット
みつけた

こたえ

バスケットボール

もんだい 70

1000人《にん》乗《の》りの船《ふね》に、999人《にん》が乗《の》った時点《じてん》で沈《しず》んだナゾ。なぜナゾ？

こたえ 70

「沈《しず》む」＝
「沈《ちん》没《ぼつ》ではない」

ということに気《き》づけたかな？

沈《ちん》没《ぼつ》したわけじゃないなら…
そうか！

こたえ

潜《せん》水《すい》艦《かん》だったから

もんだい 71

虫《むし》に「てん」を10個《こ》付《つ》けると
てんとう虫《むし》。
では、虫《むし》に「てん」を
6個《こ》付《つ》けてできる
生《い》き物《もの》はなにナゾ？

こたえ 71

「てんてん」で「てん」が2個《こ》。
2つの「て」に
濁《だく》点《てん》（てんてん）をつけたら
合《ごう》計《けい》6個《こ》の「てん」がつけれる

と気《き》づけたかな？

てんてんに
濁《だく》点《てん》を
つけると
でんでん…
あ！

こたえ

でんでん虫《むし》

もんだい 72

○ジャイアン
ジャイ子《こ》

この英《えい》単《たん》語《ご》は
なんナゾ？

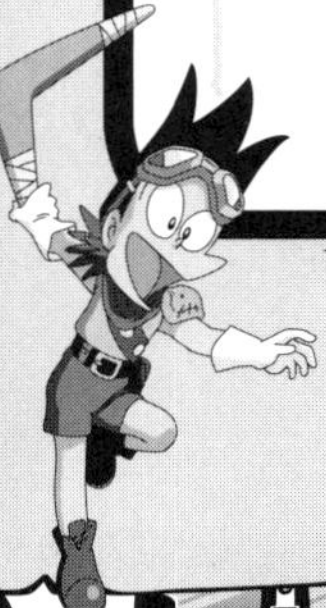
ジャイアンに
○がついてる？

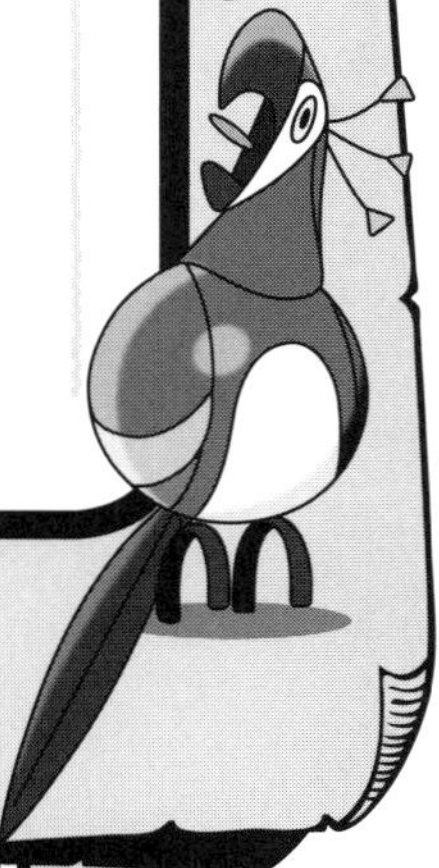

こたえ 72

ジャイアンと言《い》えば、
お兄《にい》ちゃん。
兄《あに》に◯がついてる

と気《き》づけたかな？

兄《あに》に…◯
あに…まる
あ！

こたえ

アニマル

もんだい 73

ご飯《はん》を食《た》べる時《とき》に
だっこするもの、
なーにナゾ？

こたえ 73

ご飯《はん》を食《た》べるときに言《い》うのは「いただきます」➡「板《いた》　抱《だ》きます」になる

と気《き》づけたかな？

「抱《だ》っこ」は「抱《だ》きかかえる」って意《い》味《み》だね！

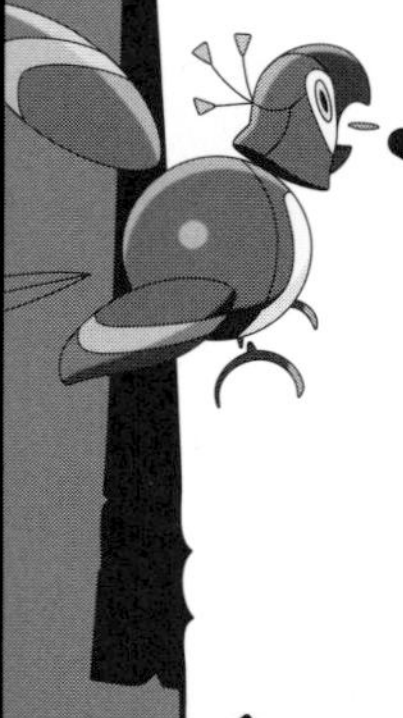

こたえ

板《いた》

もんだい 74

大豆《だいず》を使《つか》った調味料《ちょうみりょう》に驚《おどろ》く日《ひ》ってどんな日《ひ》ナゾ？

こたえ 74

大豆《だいず》を使《つか》った調味料《ちょうみりょう》と言《い》えば、
「味噌《みそ》」と「醤油《しょうゆ》」。
驚《おどろ》くということから
「おお、味噌《みそ》か！」

という言葉《ことば》を思《おも》いつけたかな？

おお、味噌《みそ》か！…おお、みそか…
あ！

こたえ

大《おお》晦《みそ》日《か》

もんだい 75

ドラえもんの鈴《すず》をとったら、有名《ゆうめい》な賞《しょう》をもらえたよ。どんな賞《しょう》ナゾ？

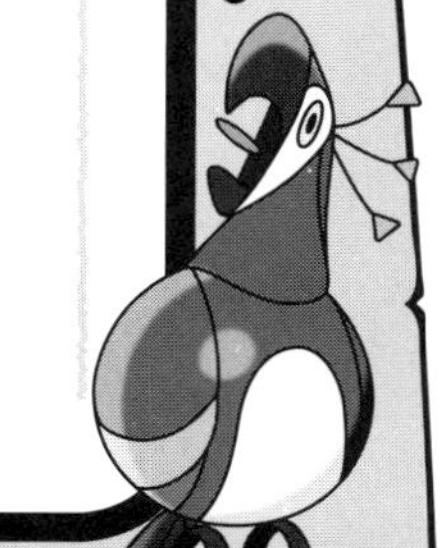

こたえ

75

「鈴《すず》」➡「ベル」
「鈴《すず》を取《と》る」➡「鈴《すず》がない」
➡「ノーベル」

となると気《き》づけたかな？

世界的《せかいてき》に
功績《こうせき》を
残《のこ》した人《ひと》に
貰《もら》える
賞《しょう》だね！

こたえ

ノーベル賞《しょう》

第《だい》3関《かん》門《もん》
かいせつ

もんだい62

太《ふと》っちょのトーマスくんがダイエットするには、どんな運《うん》動《どう》をすると良《い》いナゾ？

実《じつ》はこれ、第《だい》1関《かん》門《もん》のもんだい14と似《に》ていたナゾ！

もんだい14では「逆立《さかだ》ちすると」というどうすればいいのか、ヒントとなる言葉《ことば》がもんだい文《ぶん》の中《なか》に出《で》てきたけれど、第《だい》3関《かん》門《もん》の問《もん》題《だい》では、そういうヒントが少《すく》なかったナゾ！

もんだい63では
「発掘調査《はっくつちょうさ》」「土器《どき》」という
難《むずか》しい言葉《ことば》が出《で》てきたナゾ！

もんだい65の
「死角《しかく》」という言葉《ことば》も
難《むずか》しい言葉《ことば》だったナゾ！

え？
知《し》ってた？
それは凄《すご》いナゾ!!

最終関門《さいしゅうかんもん》は、
もっともっと
ひらめき力《りょく》を
試《ため》すもんだいが
出《で》てくるナゾ！

残《のこ》りは25！

最後《さいご》まで解《と》ききった場所《ばしょ》で
待《ま》ってるナゾ！

最《さい》終《しゅう》関《かん》門《もん》

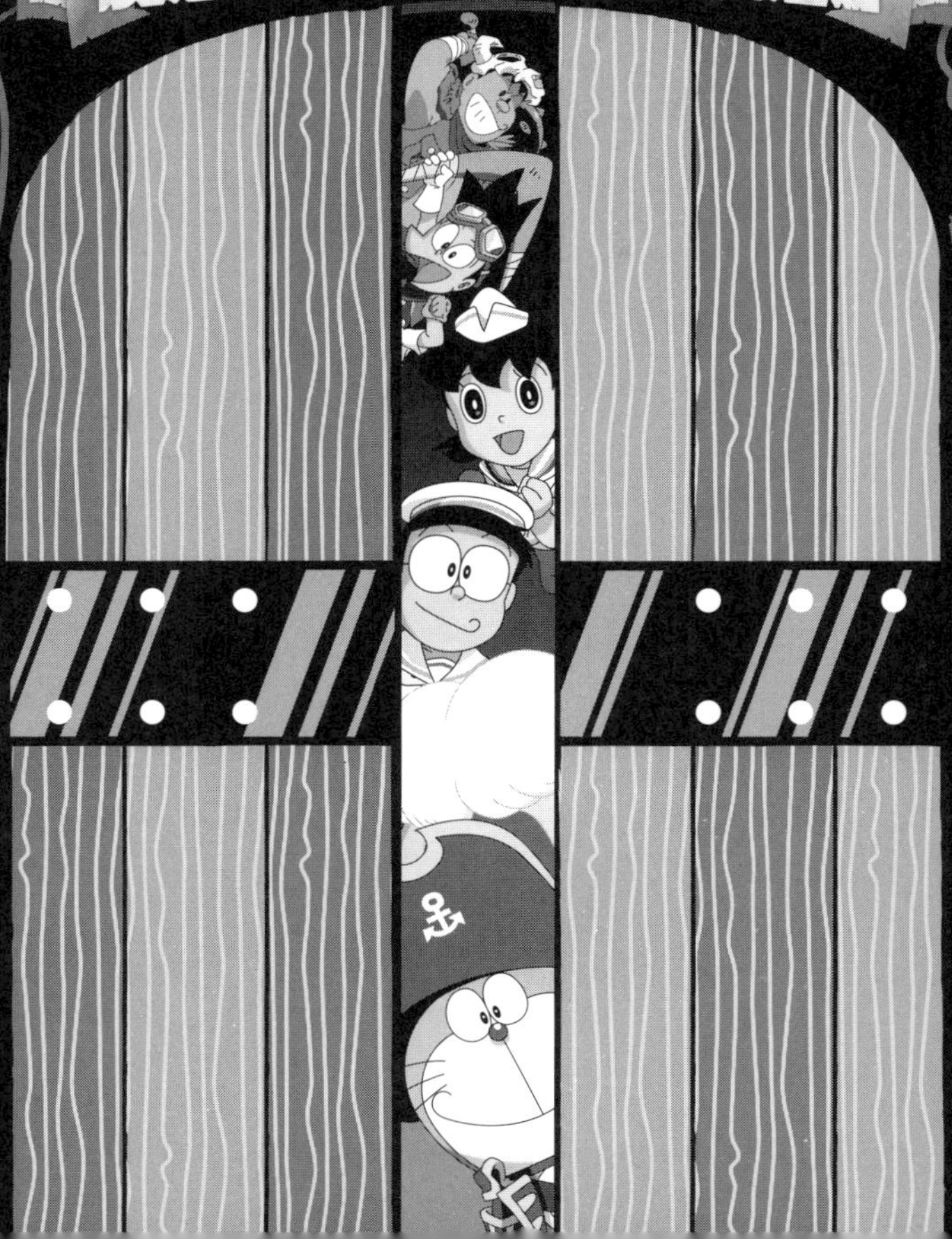

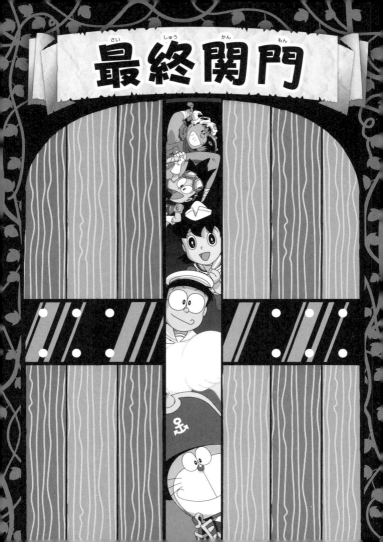

超《ちょう》難《なん》問《もん》を
用《よう》意《い》したナゾ！

もんだい

76

目《め》つきを鋭《するど》くすると
発《はっ》見《けん》できる
野《や》菜《さい》はなにナゾ？

こたえ 76

「目《め》つきを鋭《するど》く」➡「ニラむ」
「発見《はっけん》」➡「みつける」
「ニラみつける」

に気《き》づけたかな？

餃子《ぎょうざ》とかに入《はい》ってる野菜《やさい》だ！

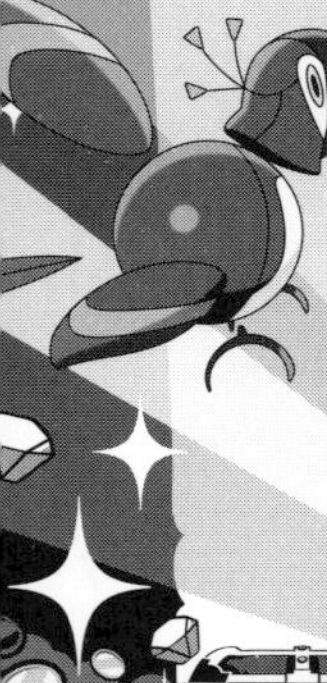

こたえ

ニラ

もんだい 77

「四《し》角《かく》い円《えん》」ってなにナゾ？

こたえ 77

形《かたち》は四角《しかく》で、単位《たんい》は円《えん》
お財布《さいふ》の中《なか》に
入《はい》ってる「円《えん》」

を思《おも》いつけたかな？

お金《かね》の単位《たんい》にはドルとかユーロとかがあるよ

こたえ

お札《さつ》（紙《し》幣《へい》）

もんだい 78

バラエティ番組《ばんぐみ》を
山《やま》の頂上《ちょうじょう》で
収録《しゅうろく》すると、
スムーズに進行《しんこう》するのは
なぜナゾ？

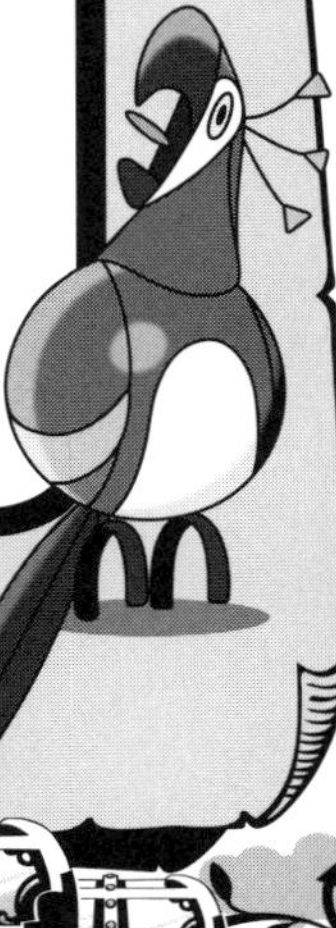

こたえ 78

山《やま》の頂《ちょう》上《じょう》に出《で》ると「視《し》界《かい》が良《よ》くなる」

と気《き》づけたかな？

視《し》界《かい》と司《し》会《かい》同《おな》じ音《おと》だね！

こたえ

しかいが良《よ》くなるから

もんだい 79

透明《とうめい》なガラスを、消《け》しゴムを使《つか》って真《ま》っ黒《くろ》にするには、どうしたらいいナゾ？

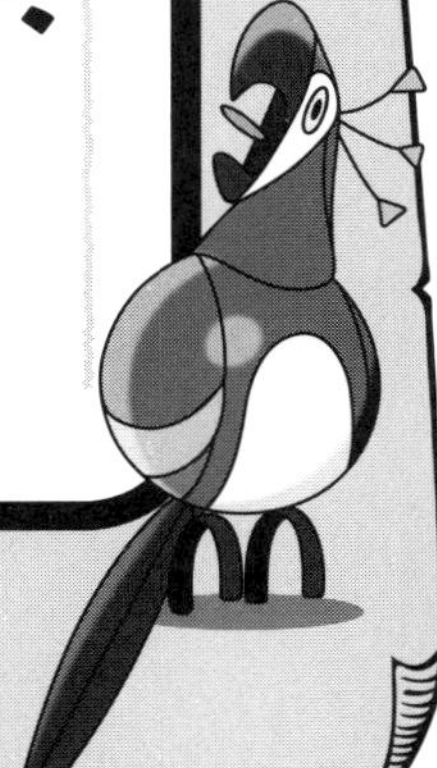

こたえ 79

「ガラス」の濁点《だくてん》を取《と》ると「カラス」になる

と気《き》づけたかな？

ガラスがカラスになったら黒《くろ》くなった！

こたえ

ガの濁《だく》点《てん》を消《け》す

もんだい 80

漫画家《まんがか》、
サッカー選手《せんしゅ》、
パン屋《や》さん。
一番《いちばん》秘密《ひみつ》を守《まも》る
職業《しょくぎょう》はどれナゾ？

こたえ 80

「秘密《ひみつ》」→「隠《かく》しごと」
→「書《か》く仕事《しごと》」

に気《き》づけたかな？

「書《か》く仕事《しごと》」といえばあれだ！

こたえ

漫《まん》画《が》家《か》

もんだい 81

大型《おおがた》台風《たいふう》が直撃《ちょくげき》して、ボロボロになった家《いえ》を見《み》て「かわらないね」と言《い》っているひとがいます。なぜナゾ？

どうして「かわらないね」って言《い》ったんだろう？

こたえ
81

「かわらないね」➡
「瓦《がわら》、無《な》いね」

に気《き》づけたかな？

台《たい》風《ふう》で瓦《かわら》が飛《と》んじゃったんだね…

こたえ

瓦《かわら》が無《な》くなった

もんだい 82

離《はな》れ離《ばな》れになった友人《ゆうじん》に
会《あ》いたい気持《きも》ちのまま、
マラソン大会《たいかい》に
参加《さんか》したあなた。
どうすればまた会《あ》えるナゾ？

こたえ 82

「友達《ともだち》にもう一度《いちど》会《あ》う」➡
「再会《さいかい》」

に気《き》づけたかな？

再会《さいかい》…
さいかい…
最下位《さいかい》
あ！

こたえ

ビリになる

もんだい 83

アニメ
『ドラえもん』が
放送《ほうそう》される前日《ぜんじつ》に、
家族《か》《ぞく》ですることって
なにナゾ？

こたえ 83

「前《ぜん》日《じつ》」➡「イブ」
ドラえもんの前《ぜん》日《じつ》だから
「ドライブ」

を思《おも》いつけたかな?

クリスマス・イブの「イブ」って前《ぜん》日《じつ》という意《い》味《み》だったんだ!

こたえ

ドライブ

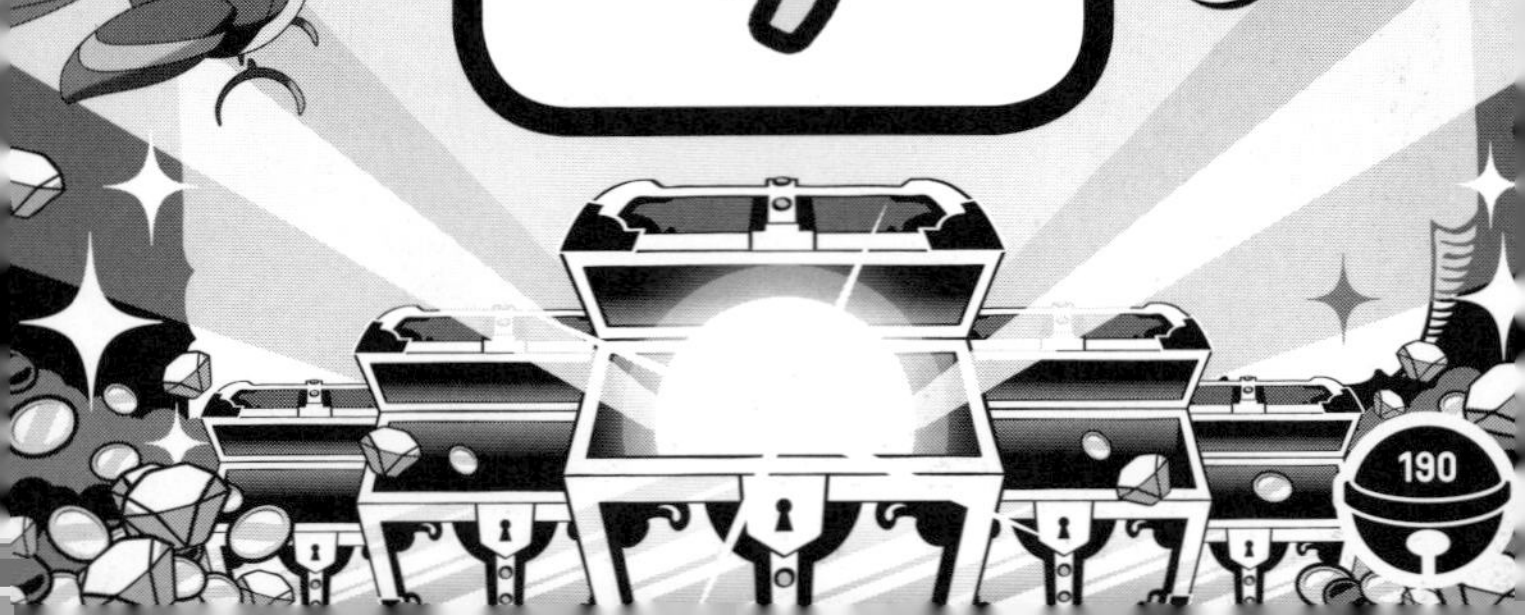

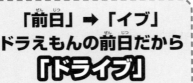

もんだい 84

アイスコーヒーの専門店《せんもんてん》でバイトをしていたあなた。
イジワルで有名《ゆうめい》なお客《きゃく》さんがやってきて、
あなたにこんな質問《しつもん》をしたよ。
「このお店《みせ》に、アイスコーヒーはあったかな?」「はい」
「じゃあ、ホットコーヒーはあったかい?」「いいえ」
そうしたらお客《きゃく》さんは
「ウソをつくな!」と言《い》い出《だ》した。なぜナゾ?

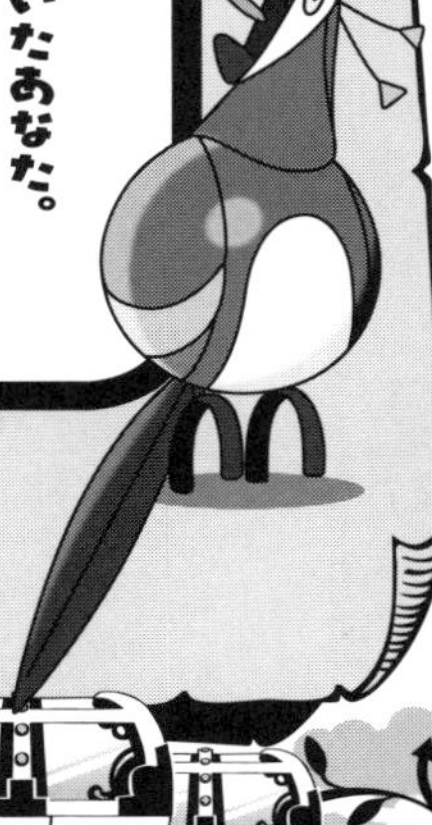

こたえ 84

「あったかい？」という質問《しつもん》の意味《いみ》が
「置《お》いているかい？」という意味《いみ》ではなく
「温《あたた》かい？」
という意味《いみ》の「あったかい？」

だと気《き》づけたかな？

同《おな》じ音《おと》なのに違《ちが》う意味《いみ》になる言葉《ことば》だね

こたえ

男《おとこ》は「ホットコーヒーはあったかい（温《あたた》かい）？」と聞《き》いたから

もんだい 85

船《ふな》乗《の》りが、昔《むかし》のことを
思《おも》い出《だ》して、元気《げん き》がない。
どうしてナゾ？

どうして
元気《げん き》が
ないんだろう？

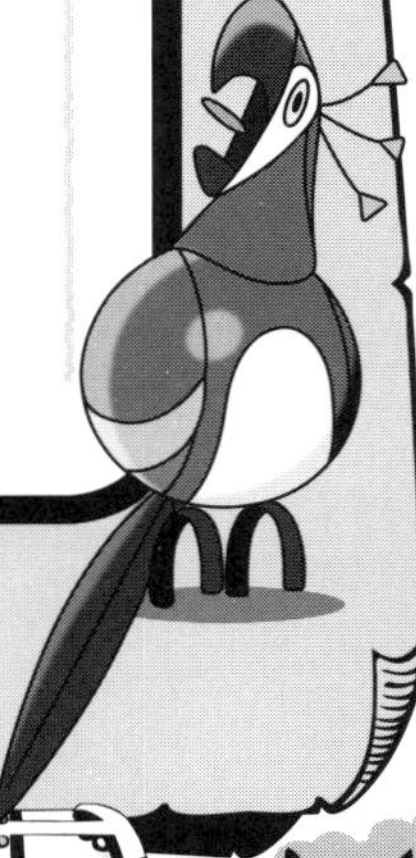

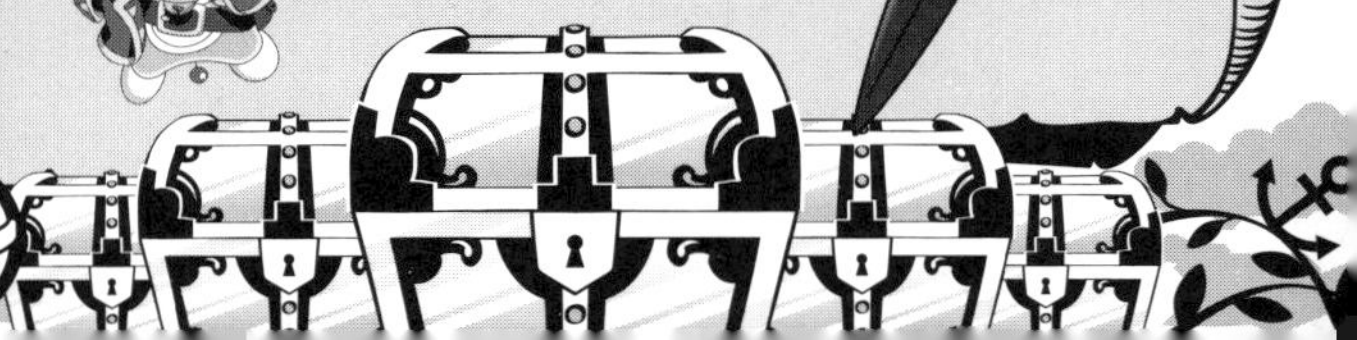

こたえ 85

船乗《ふなの》りの仕事《しごと》は
「海《うみ》に出《で》ること」➡
「航海《こうかい》」

というのを思《おも》いつけたかな？

航海《こうかい》…
こうかい…
後悔《こうかい》…
あ！

こたえ

後悔《こうかい》しているから

もんだい 86

日《に》本《ほん》語《ご》で書《か》いた文《ぶん》書《しょ》を
縮《しゅく》小《しょう》コピーしたら、
違《ちが》う国《くに》の言《こと》葉《ば》に
なってしまった。
なぜナゾ？

こたえ

86

縮小《しゅくしょう》コピーをすると
紙《かみ》のサイズも小《ちい》さくなるよね。
「A《エー》5」→「英語《えいご》」

と気《き》づけたかな？

A《エー》5と英語《えいご》
違《ちが》う言葉《ことば》に
なった！

こたえ

A《エー》5に
なったから

もんだい 87

おとなしくて
全然《ぜんぜん》ほえないのは、
黒《くろ》い犬《いぬ》、白《しろ》い犬《いぬ》、
茶色《ちゃいろ》い犬《いぬ》、
どれナゾ？

こたえ 87

「吠《ほ》えない」➡「黙《だま》る」
「黙《だま》」るの中《なか》に
「黒《くろ》い犬《いぬ》」がいる

のに気《き》づけたかな？

ほんとだ！
いるね!!

こたえ

黒《くろ》い犬《いぬ》

もんだい 88

線路《せんろ》の設計者《せっけいしゃ》が、
ぐねぐね曲《ま》がる
線路《せんろ》を作《つく》ったが、
誰《だれ》も怒《おこ》らなかった。
なぜナゾ？

こたえ 88

曲《ま》がってる方《ほう》が喜《よろこ》ばれる
遊《ゆう》園《えん》地《ち》にある乗《の》り物《もの》

を思《おも》いつけたかな？

わかった！
ぼく
大《だい》好《す》き!!

こたえ

ジェットコースターの線《せん》路《ろ》だった

もんだい 89

ジャングルの奥《おく》地《ち》で、シカちゃん、ユキちゃん、ケイちゃんの3人《にん》のアイドルがライブをしたよ。一《いち》番《ばん》人《にん》気《き》があったのは誰《だれ》ナゾ？

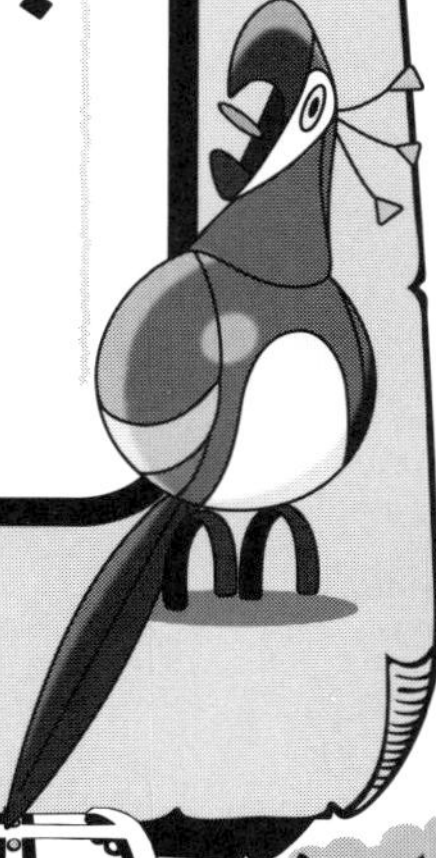

こたえ 89

「ジャングルの奥地《おくち》」➡
「未開《みかい》の地《ち》」

に気《き》づけたかな？

未開《みかい》の地《ち》……
ミカ…イノチ
ミカ命《いのち》！

こたえ

ミカちゃん

もんだい 90

野球《やきゅう》のポジションで、
天気《てんき》が悪《わる》くなるととたんに
力《ちから》を発揮《はっき》するのはどれナゾ？

こたえ 90

天気《てんき》が悪《わる》くなる➡「雨天《うてん》」

に気《き》づけたかな？

雨天《うてん》…うてん…打《う》てん！
打《う》てない時《とき》に喜《よろこ》ぶのは…

こたえ

ピッチャー

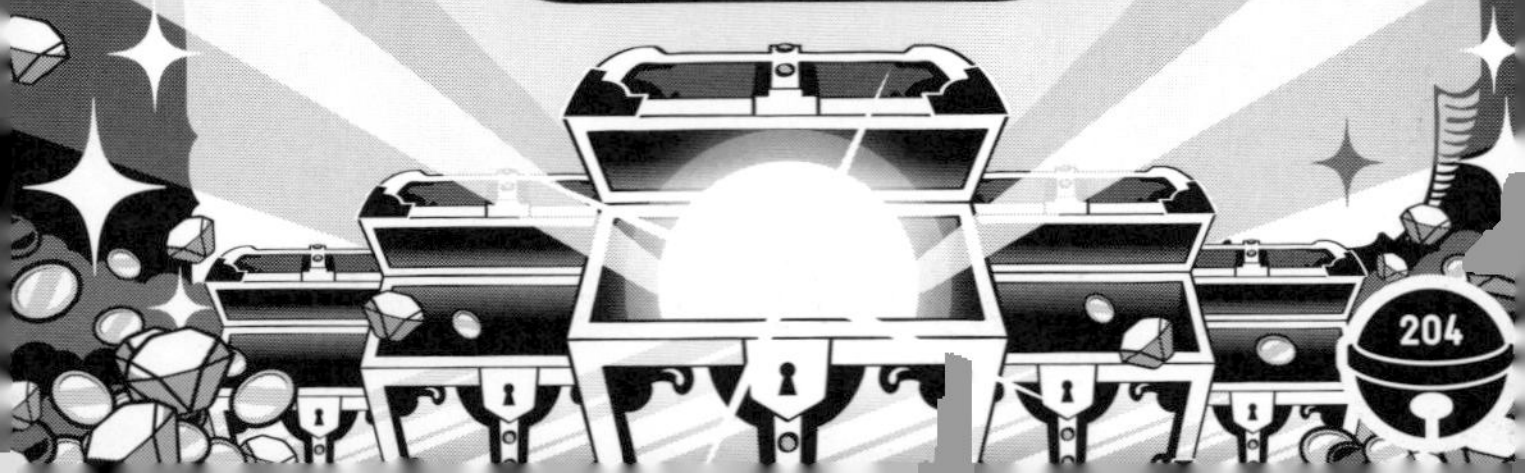

もんだい 91

冷凍庫《れいとうこ》に入《い》れておいた
つぶあんを食《た》べさせたら、

「もっと食《た》べたい！」

と言《い》いだしたよ。

なぜナゾ？

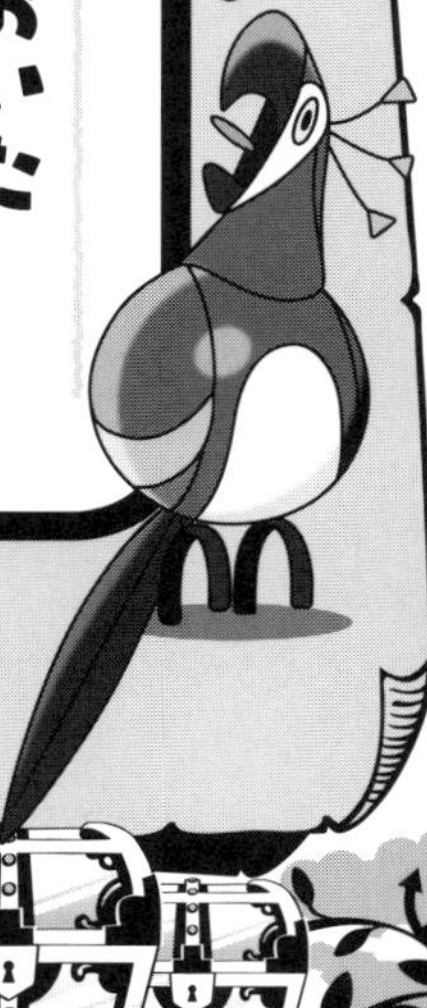

こたえ 91

「あん凍《こお》る」➡

「アンコール」

を思《おも》いつけたかな？

アンコールは「もう一度《いちど》」って意味《いみ》だよ！

こたえ

「あん凍《こお》る」（アンコール）だから

もんだい 92

関西《かんさい》に住《す》んでいる家族《かぞく》が
風邪《かぜ》をひいたら、
突然《とつぜん》その中《なか》の1人《ひとり》が
走《はし》り出《だ》した！
一体《いったい》誰《だれ》ナゾ？

こたえ 92

風邪《かぜ》を引《ひ》くと➡
「悪寒《おかん》が走《はし》る」➡
「オカンが走《はし》る」

を思《おも》いつけたかな？

関西弁《かんさいべん》でお母《かあ》さんのことを「オカン」と呼《よ》んだりするよ！

こたえ

お母《かあ》さん

もんだい

93

幽霊《ゆうれい》が
ステーキ、オムライス、
肉《にく》じゃがを作《つく》ったよ。
1つだけおいしくなかった
のはどれナゾ？

どうして
おいしくなかっ
たんだろう？

こたえ 93

幽霊《ゆうれい》といえば➡
「気味《きみ》が悪《わる》い」➡
「黄身《きみ》が悪《わる》い」

を思《おも》いつけたかな？

「黄身《きみ》が悪《わる》い」ってことは卵《たまご》が美味《おい》しくなかったんだ！

こたえ

オムライス

もんだい 94

のび太《た》くんとケンカした
しずかちゃんが一《ひと》言《こと》。
「もうのび太《た》さんとは、
気《き》の抜《ぬ》けたソーダよ！」。
どういう意《い》味《み》ナゾ？

こたえ 94

「気《き》の抜《ぬ》けたソーダ」➡
「泡《あわ》が　ない」

を思《おも》いつけたかな？

泡《あわ》が無《な》い…
泡《あわ》…ない…
あ！

こたえ

会《あ》わない

もんだい 95

「私《わたし》は黒髪《くろかみ》……いや、白髪《しらが》です」と言《い》う歴史上《れきしじょう》の人物《じんぶつ》は誰《だれ》ナゾ？

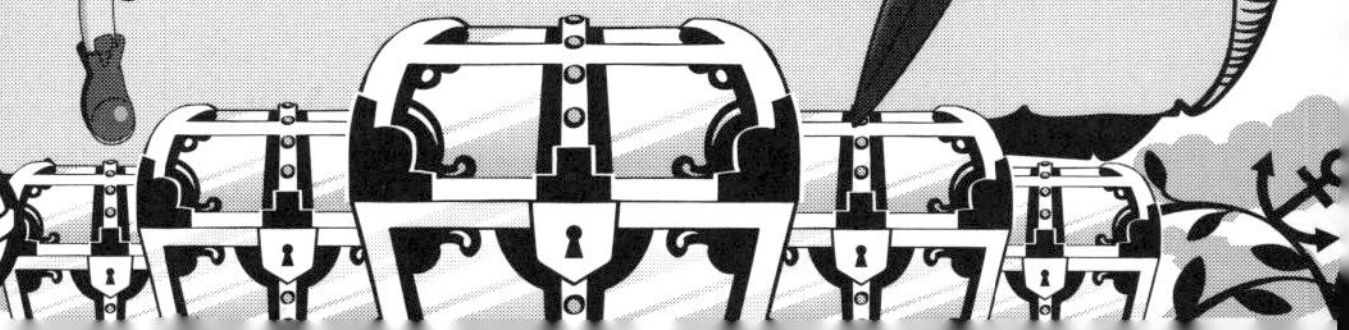

こたえ 95

毛《け》を言《い》い直《なお》したので
「言《い》い直《なお》す毛《け》」
を思《おも》いつけたかな？

江戸《えど》幕府《ばくふ》の大老《たいろう》だった人《ひと》だね！

こたえ

井《い》伊《い》直《なお》弼《すけ》

もんだい 96

サミットが開《かい》催《さい》されている
期《き》間《かん》中《ちゅう》、持《も》ち込《こ》みが
禁《きん》止《し》される
マリンスポーツに使《つか》う
道《どう》具《ぐ》はなんナゾ？

サミットって…
なんだろう？
パパは
知《し》ってるかな？

こたえ 96

サミットといえば「首脳《しゅのう》」
首脳《しゅのう》が蹴《け》られたりしちゃ
大変《たいへん》だよね。
「首脳《しゅのう》、蹴《け》る」

という言葉《ことば》が思《おも》いつけたかな？

サミットは大統領《だいとうりょう》や首相《しゅしょう》など各国《かっこく》の「首脳《しゅのう》」が集《あつ》まるイベント。

こたえ

シュノーケル

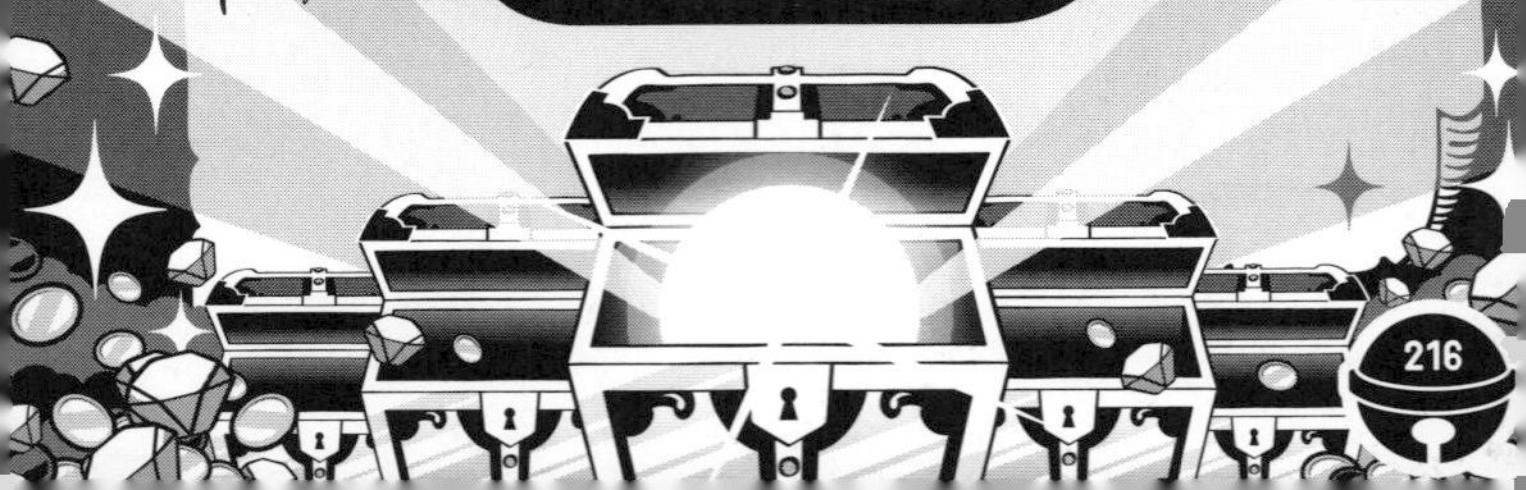

もんだい 97

パンをお皿《さら》に乗《の》せたら
ある動《どう》物《ぶつ》に
なってしまった。
その動《どう》物《ぶつ》とは
なにナゾ?

こたえ 97

「パン」➡
「ブレッド」

が思《おも》いつけたかな？

皿《さら》の上《うえ》に
ブレッド…
サラ
ブレッド！

こたえ

馬《うま》

もんだい 98

バレーボールのポジションのうち、佐《さ》賀《が》県《けん》で一《いち》番《ばん》多《おお》いのはなにナゾ？

こたえ 98

佐賀《さが》県《けん》には「鳥《と》栖《す》」がある

って知《し》ってたかな？

トスするのは
セッター
だね！

こたえ

セッター

もんだい 99

プロ野球《やきゅう》、試合開始《しあいかいし》1球目《きゅうめ》で
ホームランを打《う》った試合《しあい》を
DVD《ディーブイディー》にして販売《はんばい》したら、
いつも以上《いじょう》にファンに売《う》れたよ。
なぜナゾ？

こたえ 99

試《し》合《あい》開《かい》始《し》１球《きゅう》目《め》に
ホームランということは
「初《しょ》回《かい》得《とく》点《てん》」があった

ということに気《き》づけたかな？

「初《しょ》回《かい》得《とく》点《てん》」
「初《しょ》回《かい》特《とく》典《てん》」…
あ！

こたえ

とくてん（得《とく》点《てん》・特《とく》典《てん》）があったから

もんだい 100

のび太《た》くんが
みんなのことを紹介《しょうかい》してくれたよ。
ジャイアンとスネ夫《お》のことは
「ぼくの【クラス】の【友達《ともだち》】」
しずかちゃんのことは
「ぼくの【将来《しょうらい》】の【お嫁《よめ》さん】」
自分《じぶん》のことは一番《いちばん》少《すく》ない文字数《もじすう》で
「ぼくの【？】の【？】」
さて、なんと自己紹介《じこしょうかい》したナゾ？

こたえ 100

「野比《のび》のび太《た》」
これがのび太《た》くんの名前《なまえ》だよ。
自己紹介《じこしょうかい》してるんだから
「僕《ぼく》、野比《のび》のび太《た》」と言《い》うはず

と思《おも》いつけたかな？


「僕《ぼく》、野比《のび》のび太《た》」

「ぼくの　び　の　びた」

あ！

こたえ

ぼくの「び」の「びた」

キリトリ線
左《ひだり》の枠《わく》に自分《じぶん》の名前《なまえ》を書《か》こう！

表《ひょう》彰《しょう》状《じょう》

殿

あなたは難問《なんもん》ぞろいのクイズドリルを
あきらめることなく
全《ぜん》100問《もん》を解《と》き続《つづ》けることができたナゾ。
ときには難《むずか》しすぎて投《な》げ出《だ》したくなったこともあったナゾ？
けれど、よく最後《さいご》の問題《もんだい》まで
解《と》こうという意欲《いよく》を持《も》ち続《つづ》けることができました。
それは、すべて正解《せいかい》するよりも
大事《だいじ》なことナゾ。
これからも最後《さいご》まで解《と》こうと思《おも》ったことを忘《わす》れず、
色《いろ》んなナゾに挑戦《ちょうせん》するナゾ。

オウム型《がた》ロボット・クイズ

NOBITA'S TREASURE ISLAND
DORAEMON THE MOVIE 2018

あとがき

小学生《しょうがくせい》の頃《ころ》、僕《ぼく》はクイズ（なぞなぞ）とドラえもんが大好《だいす》きな子供《こども》でした。当時《とうじ》の僕《ぼく》を象徴《しょうちょう》するものを2つ挙《あ》げろと言《い》われたら、本当《ほんとう》に「クイズとドラえもん」かもしれません。

この2つには共通点《きょうつうてん》があります。それは「夢《ゆめ》が現実《げんじつ》になる」こと。クイズは、ヒラメキがあれば空想上《くうそうじょう》の出来事《できごと》も問題《もんだい》にしてみんなに出《だ》すことができますし、解《と》くこともできます。

『ドラえもん』も、すこし不思議《ふしぎ》な夢《ゆめ》のようなお話《はなし》が、のび太《た》くんを通《つう》じて体験《たいけん》できる作品《さくひん》です。

大人《おとな》になった僕《ぼく》は、今回《こんかい》、ドラえもん、そしてみなさんにクイズを出《だ》す本《ほん》を書《か》くことになりました。子供《こども》の頃《ころ》の僕《ぼく》が聞《き》いたら、きっとびっくりするでしょう。夢《ゆめ》じゃないか!?って思《おも》うはずです。

でも、僕《ぼく》は信《しん》じています。「夢《ゆめ》は現実《げんじつ》になる」。

この本《ほん》を手《て》にとって頂《いただ》いた皆《みな》さんの夢《ゆめ》が、ドラえもんの世界《せかい》のようにたくさん叶《かな》っていきますように。

問《もん》題《だい》作《さく》成《せい》
古《ふる》川《かわ》洋《よう》平《へい》

映画「ドラえもん　のび太の宝島」クイズドリル

2018年2月26日　初版第1刷発行
2018年4月28日　　　第3刷発行

原作　藤子・F・不二雄
問題作成　古川洋平（クイズ法人カプリティオ）
映画脚本　川村元気

作画　シンエイ動画
監修　藤子プロ
問題作成協力　酒井英太（クイズ法人カプリティオ）
石野将樹（クイズ法人カプリティオ）
発行人　細川祐司
発行所　株式会社小学館
〒101-8001　東京都千代田区一ツ橋２－３－１
（編集）03-3230-5487
（販売）03-5281-3555

印刷所
製本所　凸版印刷株式会社

編集　畑中雅美
デザイン　バナナグローブスタジオ
櫛田圭子／BGS制作部（宮澤俊介・大谷侑輝）

Printed in Japan
ISBN 978-4-09-281238-3

映画《えいが》がもっと楽《たの》しくなるドラえもんの本《ほん》!! 好《こう》評《ひょう》発《はつ》売《ばい》中《ちゅう》!!

小説 映画《えいが》ドラえもん のび太《た》の宝《たから》島《じま》

大《だい》冒《ぼう》険《けん》を小《しょう》説《せつ》で読《よ》む！
これが、ドラえもんの
新《あたら》しい楽《たの》しみ方《かた》。

原作：藤子・F・不二雄
脚本：川村元気　著：涌井学
小学館文庫　定価　本体 510円＋税
ジュニア文庫　定価　本体 700円＋税

ドラえもん ふしぎのヒストリー

❸海《かい》賊《ぞく》大《おお》暴《あば》れ！
[戦《せん》国《ごく》・安《あ》土《づち》桃《もも》山《やま》時《じ》代《だい》]

定価　本体 900円＋税

ドラえもん 総《そう》集《しゅう》編《へん》 2018春《はる》号《ごう》

定価　本体
454 円＋税

てんとう虫《むし》コミックス ドラえもん

各定価
本体 429 円＋税

映《えい》画《が》どらえもん のび太《た》の宝《たから》島《じま》 シールおあそびえほん

定価　本体 550円＋税